MURILO CARNEIRO

ORÇAMENTO FAMILIAR

FELICIDADE E DINHEIRO
PODEM SER DA MESMA FAMÍLIA

MURILO CARNEIRO

ORÇAMENTO FAMILIAR

FELICIDADE E DINHEIRO
PODEM SER DA MESMA FAMÍLIA

São Paulo
Editora dos Editores Eireli
2019

©2019 TODOS OS DIREITOS RESERVADOS À EDITORA DOS EDITORES LTDA.

Produção editorial e capa: *Valor Editorial – Serviços Editoriais*

```
Dados Internacionais de Catalogação na Publicação (CIP)
         Angélica Ilacqua CRB-8/7057

   Carneiro, Murilo
     Orçamento familiar : felicidade e dinheiro podem ser da
   mesma família / Murilo Carneiro. -— São Paulo : Editora dos
   Editores, 2019.
     148 p.

   ISBN 978-85-85162-28-3


   1. Finanças pessoais 2. Economia doméstica 3. Orçamento
   familiar 4. Investimentos I. Título
                                                  CDU 332.024
   19-1277
```

Índices para catálogo sistemático:

1. Finanças pessoais 332.024

RESERVADOS TODOS OS DIREITOS DE CONTEÚDO DESTA PRODUÇÃO.
NENHUMA PARTE DESTA OBRA PODERÁ SER REPRODUZIDA ATRAVÉS DE QUALQUER MÉTODO, NEM SER DISTRIBUÍDA E/OU ARMAZENADA EM SEU TODO OU EM PARTES POR MEIOS ELETRÔNICOS SEM PERMISSÃO EXPRESSA DA EDITORA DOS EDITORES LTDA, DE ACORDO COM A LEI Nº 9610, DE 19/02/1998.

Este livro foi criteriosamente selecionado e aprovado por um Editor científico da área em que se inclui. A **Editora dos Editores** assume o compromisso de delegar a decisão da publicação de seus livros a professores e formadores de opinião com notório saber em suas respectivas áreas de atuação profissional e acadêmica, sem a interferência de seus controladores e gestores, cujo objetivo é lhe entregar o melhor conteúdo para sua formação e atualização profissional.

Desejamos-lhe uma boa leitura!

EDITORA DOS EDITORES
Rua Marquês de Itu, 408 – sala 104 – São Paulo/SP
CEP 01223-000
Rua Visconde de Pirajá, 547 – sala 1.121 – Rio de Janeiro/RJ
CEP 22410-900

+55 11 2538-3117
contato@editoradoseditores.com.br
www.editoradoseditores.com.br

AUTOR

MURILO CARNEIRO

Graduado em Administração, especialista em Análise Financeira e Mestre em Administração pelo Centro Universitário Moura Lacerda (CUML). Mestre em Administração de Organizações pela Faculdade de Economia, Administração e Contabilidade de Ribeirão Preto (FEA-RP/USP). Consultor Empresarial na área de Finanças. Colunista da revista *Revide on-line*. Professor dos cursos de graduação em Administração e do MBA em Controladoria e Finanças do CUML. Atuou na área gerencial das seguintes empresas: Banco Nacional, Unibanco, Cervejaria Antarctica Niger, Souza Cruz e Central Energética Moreno. Ex-Presidente da ONG Crescer-Crédito Solidário.

DEDICATÓRIA

Para que o orçamento gere resultados efetivos, é imprescindível a participação de todos os membros da família. Portanto, dedico este trabalho ao meu filho, Gustavo, e a minha esposa, Márcia, que me ajudam, diariamente, a colocar em prática os conhecimentos teóricos que serão apresentados neste livro.

PREFÁCIO

O professor Murilo Carneiro nos apresenta, de modo muito didático, como podemos organizar as nossas finanças domésticas. Seja para as pessoas que tenham rendimentos modestos, como também para as que tenham altos rendimentos; seja para os solteiros ou para os responsáveis por suas famílias de muitos membros. Os ensinamentos deste livro são muito úteis.

Como professor de finanças, especializado em orçamento empresarial, Murilo Carneiro traça um paralelo entre o que ocorre com uma empresa bem administrada e os princípios de prudência e planejamento responsáveis que o chefe de uma residência deve levar em conta para bem gerir os recursos familiares.

Conforme a fase da vida em que estão os familiares, desde a primeira infância, passando pela adolescência, até aquela em que os mais idosos precisam de todo o nosso carinho, há a recomendação sobre os devidos cuidados e modos de tratamento. Importante é termos consciência das diversas maneiras de rendimento que recebemos, sejam com salários, aluguéis, juros, lucros, aposentadorias, ações, doações, prêmios e outras, assim como também classificarmos as diversas maneiras de despesas domésticas, como supermercado, morada, vestuário, transporte, saúde, educação, lazer e entretenimento, despesas bancárias, impostos e outras.

Especial atenção é dada aos investimentos que devem ser feitos para todos os membros da família em educação, em capital humano, com vistas a aumentar as oportunidades de trabalho ao longo da vida. Murilo Carneiro também analisa as diversas oportunidades de aplicações de recursos, que podem ser feitas a partir de um cuidadoso planejamento de poupanças que sejam compatíveis com as receitas e gastos da família.

Ele apresenta um modelo de planilha de receitas e despesas, com a classificação que cada pessoa poderá adaptar às suas próprias necessidades. Recomendações são feitas sobre como cada pessoa deve ter um bom relacionamento com o gerente de seu banco, o qual pode se tornar um bom conselheiro no que diz respeito a como aplicar os seus recursos em cadernetas de poupanças, certificados de depósitos, imóveis, ações e outros títulos. Para essa finalidade, recomenda também consultar um corretor de sua confiança no mercado financeiro.

Dicas são apresentadas para não se abusar do cheque especial, para se tomar as precauções devidas com o crédito direto ao consumidor, a utilização bem feita do crédito imobiliário e de como fazer um bom plano de contenção de despesas domésticas. Uma consideração a mais pode ser feita sobre os modos de transferência de renda que hoje fazem parte do orçamento de muitas famílias e que um dia farão parte do orçamento de todas as famílias. Ao se abordar esse tema, não se pode deixar de citar o Programa Bolsa Família.

O Programa Bolsa Família é destinado a amparar as famílias mais necessitadas da sociedade brasileira e, para isso, só podem participar aquelas que se encontram em situação de pobreza, cuja renda familiar é de no máximo R$ 177,00 por pessoa, inclusive crianças e adolescentes, e para aquelas famílias que estejam em situação de extrema pobreza. Nesse caso, não devem ter rendimento mensal superior a R$ 85,00 mensais por pessoa.

A família que se enquadra nessa situação tem o direito de receber um benefício no valor de R$ 89,00 como modo de complementação de renda familiar para que possa superar o estágio difícil em que se encontra. Vale lembrar que os grupos familiares que possuem gestantes, nutrizes (mulheres que estão amamentando bebês), crianças e adolescentes com idade máxima de 17 anos recebem o chamado benefício variável, dos seguintes modos: 1) a família receberá R$ 41,00 por cada criança cadastrada, sendo permitido cadastrar no máximo cinco crianças por cada grupo familiar; 2) a família receberá R$ 48,00 por cada adolescente cadastrado, sendo permitido até dois jovens por cada grupo familiar (para devidos efeitos de cálculo, consideram-se crianças os indivíduos com idade até 15 anos e adolescentes aqueles que possuem entre 16 e 17 anos de idade). É importante ressaltar que, levando em conta os benefícios variáveis, em 2018, o valor máximo que o Bolsa Família pode atingir é R$ 390,00.

Há condicionalidades: se a mãe estiver grávida, deverá fazer o exame pré-natal na rede pública de saúde de sua região até que nasça o bebê. Os pais devem levar as crianças até 6 anos de idade à rede pública de saúde para fazerem as vacinas de acordo com o calendário do Ministério da Saúde. As crianças de 7 a 15 anos e 11 meses devem frequentar pelo menos 85% das aulas nas escolas. Os adolescentes de 16 a 18 anos devem frequentar pelo menos 75% das aulas. Atualmente, 12,7 milhões de famílias são beneficiadas com o Programa Bolsa Família.

Conforme previsto pela Lei 10.835/2004, aprovada no Congresso Nacional por todos os partidos e sancionada pelo Presidente Luiz Inácio Lula da Silva, em 8 de janeiro de 2004, uma Renda Básica de Cidadania (RBC) será instituída no Brasil, por etapas, a critério do Poder Executivo, iniciando-se pelos mais necessitados, como o faz o Bolsa Família, até que um dia todas as pessoas, não importa a sua origem, raça, sexo, idade, condição civil ou socioeconômica, inclusive os estrangeiros aqui residentes há cinco anos ou mais, terão o direito ao benefício. A RBC será uma renda, na medida do possível, tendo em conta o progresso da Nação e as possibilidades orçamentárias, e será igual para todas as pessoas o suficiente para suprir as necessidades vitais de cada uma.

Até mesmo os que têm mais recursos receberão a RBC? Sim. Obviamente, contribuirão para que eles próprios e todos venham a receber. Desse modo, eliminamos qualquer burocracia envolvida em saber quanto cada um ganha no mercado formal ou informal. Eliminamos qualquer estigma ou sentimento de vergonha da pessoa precisar dizer o quanto ganha para receber um benefício. Também terminamos com o fenômeno da dependência que acontece quando se tem um sistema que diz: se a pessoa não receber até certo patamar passa a ter o direito de receber tal complemento. E se a pessoa está por decidir se vai ou não realizar uma atividade econômica que lhe renderá aquele montante, mas se o fizer o governo lhe retira o que estava recebendo naquele programa. Daí a pessoa poderá desistir de realizar aquela atividade e entra na armadilha da pobreza ou do desemprego.

É do ponto de vista da dignidade e da liberdade dos seres humanos que está a maior vantagem da RBC. Pois, para aquela jovem ou para o jovem que, por falta de alternativa para contribuir para o sustento de sua família, só tem como alternativa algo que lhe fira a sua dignidade ou coloque sua saúde e vida em risco, como vender o seu corpo ou participar de uma quadrilha de narcotraficantes, o dia em que houver uma RBC para si e para todos na sua família, essa pessoa terá a possibilidade de dizer: "Não! Poderei agora aguardar um tempo, até fazer um curso profissional, até que surja uma oportunidade mais de acordo com a minha vontade e vocação."

Desse modo, tanto o Bolsa Família quanto a Renda Básica de Cidadania, quando essa for instituída, também devem ser consideradas no orçamento familiar.

__Eduardo Matarazzo Suplicy__
Vereador de São Paulo (PT-SP)
Senador da República de 1991 a 2015 (PT-SP)
Autor da Lei nº 10.835/2004

APRESENTAÇÃO

Na ciência da Administração, a área de Finanças estuda os recursos financeiros, um dos recursos necessários para que as empresas exerçam suas atividades. Em Finanças, um dos temas de estudo é o orçamento empresarial, considerado, por alguns autores, o instrumento mais tradicional de gestão financeira. Apesar de ser relativamente antigo, o orçamento continua sendo um instrumento eficaz de planejamento e controle das atividades de uma empresa.

Assim como as empresas, as famílias também devem fazer seu planejamento e controle financeiro. Do contrário, os gastos poderão se tornar maiores que a renda familiar, passando a ser financiados por meio do endividamento com instituições financeiras. No médio prazo, um endividamento alto pode fazer com que as famílias se tornem inadimplentes, ocasionando, dentre outros transtornos, a inclusão dos nomes das pessoas nos cadastros de instituições de proteção ao crédito, como, por exemplo, o Serasa e o Serviço de Proteção ao Crédito (SPC).

Portanto, para que sejam mais eficazes, ou seja, consigam alcançar seus objetivos financeiros, as pessoas devem cuidar de suas finanças com o devido profissionalismo, como se fossem uma empresa. Não é por acaso que uma conhecida revista, publicada pela Editora Abril, que trata de temas ligados à gestão da vida pessoal e profissional, tem o nome sugestivo de *Você S/A*.

A definição de finanças pessoais, apresentada por Cherobim e Espejo (2010), também reforça a ideia de que as pessoas devem cuidar de suas finanças como se fossem uma empresa: "Finanças pessoais é a ciência que estuda a aplicação de conceitos financeiros nas decisões financeiras de uma pessoa ou família." Pode-se dizer que o orçamento familiar, tema deste livro, é um instrumento (um meio), que pertence à ciência das finanças pessoais, que visa fazer com que as famílias façam a gestão de seus recursos financeiros de modo mais eficaz, ou seja, fazendo com que alcancem seus objetivos econômico-financeiros.

Para que o orçamento familiar pudesse ser apresentado de modo didático, o conteúdo foi dividido em oito capítulos. O primeiro deles aborda alguns aspectos introdutórios que envolvem o tema, como economia doméstica e finanças pessoais, assim como suas relações com a inflação. Além disso, também serão mostradas as fases da vida financeira de uma pessoa e suas respectivas necessidades.

No capítulo 2, são expostos os conceitos, princípios, vantagens e limitações do orçamento familiar. Os elementos que compõem o orçamento familiar são abordados no capítulo 3 (receitas, despesas e investimentos). Em tal capítulo, também é abordada a importância de se gerir com eficácia as contas correntes bancárias.

No capítulo 4, apresenta-se um método para se colocar em prática o orçamento familiar, o qual envolve a utilização de uma planilha orçamentária, em que deverão ser discriminados os valores orçados e realizados das receitas e despesas, permitindo, assim, que seja feita uma comparação entre o orçado *versus* o realizado. Vale ressaltar que, por meio do site da Editora dos Editores, os leitores podem obter o modelo de planilha de orçamento familiar apresentado nesse capítulo. As estratégias financeiras que podem ser adotadas pelas pessoas físicas para aumentarem suas receitas e reduzirem suas despesas, assim como a importância da organização e da disciplina para se colocar em prática o orçamento familiar, são temas abordados no capítulo 5.

No capítulo 6, são mostradas as principais ferramentas de consumo que podem ser utilizadas pelas pessoas físicas: cheque especial, cartão de crédito, crédito direto ao consumidor e crédito imobiliário. Nesse capítulo, também serão apresentadas algumas dicas para que tais ferramentas não se tornem vilãs do orçamento familiar.

Nos dois últimos capítulos, são expostos os principais meios que as pessoas físicas podem utilizar para investir seus recursos financeiros excedentes, via Instituições Financeiras e via Bolsa de Valores. Nas Instituições Financeiras, os investimentos podem ser feitos em poupança, Certificados de Depósitos Bancários (CDBs), fundos, títulos de capitalização e previdência privada, enquanto nas Bolsas de Valores podem ser feitos ao se adquirirem ações de sociedades anônimas de capital aberto.

Este livro teve como origem um material que foi elaborado para um curso de extensão sobre orçamento familiar, oferecido pela instituição de ensino UniSEB Interativo, que foi adquirida, em 2013, pela Instituição de Ensino Estácio. Portanto, foi escrito em uma linguagem bem acessível. Diante disso, acredita-se que os conceitos apresentados, tanto teóricos quanto práticos, são de fácil entendimento e aplicação na vida financeira das pessoas, independentemente do nível socioeconômico que ocupem. Visando o aperfeiçoamento da obra, solicita-se a todos os leitores que enviem críticas e sugestões, as quais serão analisadas e, dependendo da relevância, incorporadas em edições posteriores.

Para finalizar, agradeço o Professor Eduardo Matarazzo Suplicy, de quem, desde a adolescência, sempre fui um grande admirador. Convidei-o para fazer o prefácio desta obra, visto que, dentre as diversas causas que sempre defendeu, os programas de geração de renda estão entre as principais. Fiquei extremamente lisonjeado quando ele aceitou o convite.

Espero que este livro cumpra seu principal objetivo: despertar nos leitores a necessidade de elaborar o planejamento e o controle de suas finanças pessoais por meio do orçamento familiar.

Murilo Carneiro
muca.ml@uol.com.br
http://www.revide.com.br/blog/murilo/
https://www.facebook.com/orcamentofamiliar/

SUMÁRIO

1 Aspectos introdutórios 1

2 Orçamento familiar 13

3 Elementos do orçamento familiar 27

4 Método de elaboração 41

5 Estratégias financeiras para pessoas físicas 53

6 Ferramentas de consumo 71

7 Investimentos via Instituições Financeiras Bancárias 87

8 Investimentos via Mercado de Capitais 103

Posfácio 117

Bibliografia 121

Capítulo 1
ASPECTOS INTRODUTÓRIOS

ECONOMIA DOMÉSTICA

A economia doméstica é considerada uma ciência que engloba questões como saúde, alimentação, habitação, vestuário, economia familiar e direitos do consumidor, visando a melhoria da qualidade de vida individual e familiar.

De acordo com Cherobim e Espejo (2010), a economia doméstica visa a integração das ciências, das tecnologias e da arte para promover o indivíduo e a família em seu contexto social e seu principal objetivo é melhorar a qualidade de vida das pessoas por meio da otimização do uso dos recursos materiais e humanos disponíveis.

Quem pensa que economia doméstica é um tema novo e superficial, está enganado, pois existem cursos de graduação nessa área e, além disso, a profissão de economista doméstico é regulamentada por lei. Dentre os itens que compõem o código de ética do economista doméstico, apresentados pelo Conselho Federal de Economia Doméstica (CFED), pode-se destacar: "Estimular, em suas ações de trabalho, a utilização de técnicas modernas, objetivando o controle da qualidade e a excelência da prestação de serviços ao consumidor ou usuário."

Para atender as demandas da população rural, algumas instituições começaram a criar os cursos de economia doméstica. O primeiro curso de graduação em economia doméstica, de acordo com a Universidade Federal Rural de Pernambuco (UFRP), surgiu em 1952, junto com a implantação da primeira Escola Superior de Ciências Domésticas da Universidade Rural do Estado de Minas Gerais, hoje Universidade Federal de Viçosa. Ao longo de sua trajetória, a formação universitária em economia doméstica passou por alterações curriculares, de modo que se adaptou ao novo modelo de competitividade e criatividade necessárias aos profissionais para atender as demandas também das famílias urbanas.

Segundo o *Guia do Estudante*, da Editora Abril, o economista doméstico planeja, implanta e supervisiona programas de desenvolvimento social nas áreas de alimentação, direitos do consumidor, economia familiar, habitação, saúde e vestuário. Avalia produtos lançados no mercado e elabora programas de esclarecimento ao consumidor quanto a seu emprego no lar. Desenvolve e ministra cursos para comunidades, ensinando noções de higiene, economia e cozinha, a fim de evitar o desperdício de alimentos e melhorar a nutrição de grupos de baixa renda. Em empresas e indústrias, gerencia restaurantes coletivos e organiza espaços de convivência para os funcionários. A crescente busca da ética nas empresas valoriza esse profissional, que tem de estar sempre atento às necessidades básicas do ser humano e preocupado com o desenvolvimento social.

> "É natural que você pense: economista doméstico sou eu, que com meu salário providencio o comer, o vestir e o morar dessa família toda! Se você faz isso tudo, está de parabéns! Mas você não é um economista doméstico! Para tal, você precisa cursar a graduação em economia doméstica." (Cherobim e Espejo, 2010)

FINANÇAS PESSOAIS

Depois do conceito de economia doméstica, torna-se necessário definir outro conceito importante: finanças pessoais. Finanças pessoais é uma área de estudo dentro da ciência da economia doméstica. Segundo Cherobim e Espejo (2010), a área de finanças pessoais estuda a aplicação de conceitos financeiros nas decisões financeiras de uma pessoa ou família.

Para tais autoras, em finanças pessoais são considerados os eventos financeiros de cada indivíduo, bem como sua fase de vida para auxiliar no planejamento financeiro. As finanças pessoais englobam estudos de opções de financiamento, orçamento doméstico, cálculos de investimentos, gerenciamento de conta corrente, planos de aposentadoria, acompanhamento de patrimônio e de despesas.

Para que as finanças pessoais possam ser geridas com eficácia, é imprescindível que as pessoas possuam alguns conhecimentos básicos sobre economia, pois os fatos econômicos influenciam diretamente o planejamento financeiro. Todo fato econômico, como aumento nas taxas de juros e na carga tributária, gera um impacto macroeconômico, ou seja, em toda a sociedade, e um impacto microeconômico, ou seja, em determinados setores empresariais e também nas finanças pessoais.

Logicamente, os fatos econômicos não gerarão impactos homogêneos, pois haverá diferenças nas consequências de decisões econômicas para os diferentes setores, para as diferentes empresas e para pessoas em diferentes fases da vida financeira.

Para exemplificar tais diferenças, Cherobim e Espejo (2010) citam o exemplo do emprego: se o indivíduo é servidor público, municipal, estadual ou federal, momentos de crise financeira e até crises econômicas não afetarão sua estabilidade funcional. Porém, se o indivíduo trabalha na indústria ou no comércio, dificuldades de crédito, queda nas vendas do comércio, redução da atividade econômica afetarão diretamente o nível de emprego no país e poderão afetar também o seu emprego.

INFLAÇÃO *VERSUS* FINANÇAS PESSOAIS

As pessoas com pouca idade não se recordam de como era o Brasil quando existiam altas taxas de inflação. Entre o fim da década de 1970 e o início da década de 1990, a inflação era considerada um dos piores problemas do nosso país. Na época, comparava-se a inflação a um "dragão", que destruía o poder de compra dos trabalhadores. Diante do que o Brasil já enfrentou, atualmente, a inflação pode ser comparada somente a uma "lagartixa".

> **Inflação:** em economia, inflação significa a queda do valor de mercado ou do poder de compra do dinheiro. Isso é equivalente ao aumento no nível geral de preços. Existem dois principais tipos de inflação: demanda (aumento da procura pelos produtos) e custos (aumento dos gastos dos insumos dos produtos).

Durante aquele período, a população não tinha noção dos preços dos produtos e serviços, pois, a cada mês, os preços aumentavam. Além disso, constantemente, eram implantados planos econômicos para tentar acabar com a inflação. Em várias ocasiões, a moeda nacional mudou de nome e teve "zeros cortados". O primeiro plano estruturado pelo Governo Federal visando combater a inflação foi lançado em 1986 e foi chamado de Plano Cruzado. Depois dele, vieram vários outros: Plano Bresser (1987), Plano Verão (1989), Plano Collor (1990) e Plano Collor II (1991). A inflação somente foi efetivamente controlada a partir de 1994, com a implantação do Plano Real.

Segundo Cherobim e Espejo (2010), a partir do Plano Real, as pessoas passaram a ter mais noção de valor, referências de preços, a cuidar mais do seu dinheiro. Essa percepção de valor se fortaleceu tanto no que se refere a guardar como a gastar.

As autoras também comentam que guardar dinheiro no Brasil sempre foi sinônimo de colocar dinheiro na poupança. Na época da inflação alta, a correção automática dos saldos de recursos guardados na caderneta de poupança dava à ilusão de que as pessoas ficavam mais ricas a cada mês. Porém, na verdade, elas poderiam ficar mais pobres, porque o poder aquisitivo da moeda nacional poderia diminuir, ainda que o valor nominal do valor investido aumentasse. Para exemplificar essa afirmação, basta imaginar que, caso a inflação em um mês tivesse sido de 10% e a poupança tivesse rendido 9,5 % (ganho nominal), o "ganho real" teria sido "negativo", ou seja, na verdade, o valor investido teria sido desvalorizado em 0,5%.

Em tempos de inflação alta, as compras de alimentos, de materiais de limpeza e de higiene, de roupas, dentre outras, deviam ser feitas de modo rápido, pois, logo que as pessoas recebiam seus salários, precisavam correr para o supermercado e lojas, visando comprar rapidamente os bens necessários. Isso ocorria pelo fato dos preços dos produtos subirem quase todos os dias, portanto, quando antes a despensa e o guarda-roupas fossem abastecidos, melhor.

A partir do momento que os preços praticamente pararam de subir, Cherobim e Espejo (2010) comentam que as pessoas e as famílias começaram a ter noção de valor, de preço e, por consequência, passaram a cuidar melhor do seu dinheiro. Não é que os preços não subam hoje em dia, mas agora sobem dentro de parâmetros mais razoáveis, controláveis, então, como as pessoas tem mais controle, podem cuidar melhor do dinheiro.

A redução da oferta de bens e serviços públicos e o aumento da expectativa de vida da população são outros fatores que levaram as pessoas a se preocupar mais em cuidar do seu dinheiro.

FASES DA VIDA FINANCEIRA

Em cada fase da vida, as pessoas possuem características e necessidades diferentes, que vão se alterando à medida que vão ficando mais velhas. Do ponto de vista financeiro, também há uma evolução, portanto, segundo Cherobim e Espejo (2010), se as pessoas quiserem que seu dinheiro evolua junto, precisam compreender suas características financeiras ao longo da vida. Na sequência, serão apresentadas algumas das fases listadas por tais autoras, assim como suas principais características.

Infância

Até os 4 ou 5 anos de idade, uma criança não tem noção do valor do dinheiro, mas já forma a base das suas futuras atitudes em relação a ele. Por mais que as crianças não saibam a diferença entre receber cinco reais da mãe ou cinquenta reais da avó, suas características psicológicas e o exemplo das pessoas que a cercam começam a estabelecer alguns dos critérios que nortearão a sua vida financeira.

Adolescência

A adolescência é a fase da vida de maior investimento pessoal. O adolescente precisa se alimentar bem, praticar esportes, formar um grupo de amigos, sair, divertir-se, viver várias experiências e, naturalmente, usar alguns produtos da moda. Isso vai permitir a formação de uma pessoa equilibrada, que conhece a vida e vai ter a opção de escolher o caminho a seguir.

Um curso técnico ou a escolha de um curso superior que leve a uma profissão digna, com oportunidades de crescimento, com campo de atuação que permita rendimentos dignos é fruto desse investimento na vida pessoal. Como escolher uma profissão adequada se o adolescente passou dos 7 aos 17 anos somente trabalhando? Portanto, o trabalho nessa fase da vida, na medida do possível, deve ser evitado.

Juventude

Se o indivíduo ou seus filhos acertaram na escolha, a juventude é aquela fase de investir na profissão. Fazer um curso universitário ou um curso técnico é o mínimo do ponto de vista do investimento pessoal. Ao longo da vida, as pessoas são levadas a escolher suas profissões baseadas naquilo que gostam ou ainda nas profissões de maior apelo social. Pouco é discutido nas famílias e nas escolas se o indivíduo tem realmente condições de seguir uma determinada profissão.

Apesar das dificuldades, é muito importante que o jovem escolha, adequadamente, a profissão que pretende seguir, pois não é justo que pais que já trabalharam a vida inteira envelheçam fazendo sacrifícios ou abrindo mão de alguns confortos financeiros em função da necessidade de continuar sustentando filhos crescidos.

O primeiro emprego

Você já imaginou a importância econômica de um indivíduo quando consegue seu primeiro emprego? Ele não estará, simplesmente, iniciando sua contribuição formal à economia do país, na verdade, finalmente, não precisará fazer favores para os membros da família visando conseguir dinheiro.

Se você é a mãe, o pai, a tia, o tio, a avó ou o avô, não fique triste. Apesar de perder um ajudante aproveitador, ganhará um filho, sobrinho ou neto independente. Isso é muito importante: o primeiro emprego para o jovem, para a família e para o país tem relevância social, econômica e política.

Dificilmente o indivíduo esquece seu primeiro emprego, normalmente, obtido por meio de uma indicação de amigos ou parentes, às vezes um estágio. Para alguns, o primeiro emprego é resultado da aprovação em um concurso público e, para outros, uma conquista após longo e estressante processo seletivo de grandes empresas. Fácil ou difícil, por mérito próprio ou por indicação, o primeiro emprego é sempre uma conquista. É sempre o início de uma nova fase da vida!

Morar sozinho

Morar sozinho, na mesma cidade ou em outra, é uma experiência riquíssima de vida, de independência, sensação indescritível de conquistar sua independência. Caso o indivíduo tenha cuidado na escolha do local para morar, dentro da sua realidade financeira, sem precisar fazer um mutirão familiar para bancar sua independência, que daí se torna uma "pseudoindependência", a sensação de conquista é indescritível!

Essa fase é deliciosa: muito gás para trabalhar, desafios profissionais e pessoais, casa nova, não precisa dividir Internet e banheiro. Porém, não se pode esquecer o desafio de começar a construir a independência financeira. Nesse momento, entre uma euforia e outra, é preciso ter minutos de serenidade, ou seja, não é aconselhável apressar a trajetória de vida: nada de casar ou arranjar um filho antes do tempo. O indivíduo deve elaborar seus projetos pessoal, profissional e familiar e ir buscando seus objetivos, com flexibilidade, mas sem intempestividade.

No planejamento financeiro pessoal, depois de começar a morar sozinho, é necessário planejar também outros tipos de despesas que surgirão: manutenção da residência, IPTU, refeições e diversas outras coisas que antes a mamãe fazia e agora o indivíduo terá que fazer ou arcar com as despesas provenientes delas. Sair de casa e morar sozinho não é fácil, mas, apesar disso, é importante que tal atitude seja tomada, do contrário, a pessoa pode se tornar um filho "canguru".

> "Filho 'canguru' é uma terminologia atribuída aos filhos que possuem renda própria, mas insistem em residir com os pais. Observa-se que essa realidade pode ter ocorrido em função do comportamento liberal de muitos pais com as atitudes dos filhos, refletindo em certo comodismo deles em relação a assumir as responsabilidades de um lar. Aproveitam as comodidades da casa paterna e utilizam seus rendimentos para investir em sua própria formação ou em atividades de lazer." (Revista Veja, edição 2108, 15 de abril de 2009)

Vida adulta

Para a grande maioria das pessoas, a vida adulta começa depois do casamento, entendendo casamento como aquele momento no qual você escolhe um companheiro(a), compra ou aluga uma casa, passa a ter controle sobre as atividades do lar, da vida profissional, dos momentos de lazer. Usando a expressão antiga: passa a ser chefe da casa.

A liberdade, a autoconfiança e o crescimento pessoal dessa transformação de vida não podem ser ofuscados pela enorme responsabilidade e pelos pesados encargos financeiros que vêm juntos. O indivíduo descobre que roupa não surge dentro do armário lavada e passada; do mesmo modo, geladeira não tem ressuprimento automático; energia, gás, Internet e TV a cabo não são bens livres, ofertados, graciosamente, junto com o aluguel ou prestação do imóvel.

Ainda que nos casais modernos esses encargos sejam divididos pelos dois companheiros, talvez a conversa sobre quem irá assumir quais despesas e tarefas não seja tão penosa quanto à responsabilidade de assumir os encargos sozinho. Além da divisão das despesas, os casais também devem se preocupar com a divisão das tarefas. Para entender melhor a complexidade para se dividir as tarefas entre o casal, leia o artigo: *Alguém precisa lavar a louça suja*.

De acordo com Cherobim e Espejo (2010), não existe uma receita pronta para resolver a questão da divisão das despesas do lar entre o casal, porém tais autoras comentam que dois fatores são essenciais:

- o tema finanças precisa fazer parte do planejamento do casamento. É muito mais importante do que o local da festa, a escolha dos padrinhos, ou o destino da lua de mel;
- hoje, dificilmente um relacionamento segue saudável quando apenas um dos dois assume todos os encargos financeiros da família.

Caso, além de casar, a pessoa decidir ter filhos, deverá se preparar para a infinidade de despesas que terá durante, no mínimo, uns vinte e poucos anos. Em cada etapa da vida do filho, os tipos de despesas vão mudando e, com o passar do tempo, aumentando[1].

---
1. Saiba mais sobre o total de despesas geradas por um filho até os 23 anos, leia o artigo do economista Luiz Carlos Ewald, disponível em: https://oglobo.globo.com/sociedade/saude/economista-calcula-quanto-custa-ter-um-filho-4557201

ALGUÉM PRECISA LAVAR A LOUÇA SUJA

Um casal acaba de chegar em casa, vindos de sua viagem de lua de mel. Como já era tarde e estavam muito cansados, logo foram dormir. Ainda inebriados pela bela viagem que fizeram, tomaram juntos o café da manhã, colocaram a louça na pia, trocaram beijos apaixonados e foram trabalhar. Encontraram-se, novamente, à noite, jantaram, colocaram a louça na pia, conversaram sobre o dia de trabalho e foram dormir. Como não tinham empregada, a louça suja não foi lavada.

No segundo dia, um olhou para o outro, olharam para a pia, mas não comentaram nada. Ambos começaram a pensar: por que meu amor não lava a louça? O marido, machista, tem a convicção que a responsabilidade é dela. A esposa, feminista, acha que a responsabilidade é dele, afinal de contas, ela também trabalha o dia inteiro.

No terceiro dia, o problema persiste, mas nenhum dos dois quer dar o braço a torcer. O clima começou a ficar tenso, mas evitaram falar sobre o assunto. No quarto dia, não havia mais louça limpa para o café da manhã. Como os ânimos já estavam mais acirrados, surge a primeira briga entre o casal.

Quem é casado, com certeza já passou por situação semelhante. Para evitar esse tipo de problema, deve-se elaborar um sistema de responsabilidades, ou seja, definir quais são as tarefas que cada um dos cônjuges deve executar. As tarefas devem ser divididas de modo que nenhum dos dois se sinta prejudicado ou sobrecarregado.

Esse problema familiar também é muito comum nas empresas. Tarefas deixam de ser executadas ou são executadas de modo indevido, pois os gerentes se esquecem de determinar quem deve executá-las. Conflitos entre funcionários também são comuns quando as tarefas não estão equacionadas e há a sensação que uns acumulam mais tarefas que outros. Definir o sistema de responsabilidades de uma casa ou de uma empresa parece uma tarefa fácil, mas não é.

Normalmente, ocorrem mudanças na quantidade ou tipo de tarefas a serem executadas, portanto, o sistema de responsabilidades exige adequações constantes. Por falar nisso, quem é que lava a louça na sua casa?

Fonte: https://www.revide.com.br/blog/murilo/alguem-precisa-lavar-louca-suja/

Maturidade

Depois que os filhos casam, se formam, saem de casa, mesmo que demore um pouco para fazê-lo, o casal está novamente só; às vezes, infelizmente, ele ou ela está vivendo sozinho, ou porque o casamento venceu antes do fim; ou porque o prazo de validade de um era menor do que o do outro.

Não é nada interessante avós dependendo dos netos; mães morando com seus filhos e genros. Para a sociedade, seria muito mais interessante ter idosos saudáveis, felizes e vivendo com tranquilidade financeira. Ao longo da vida, espera-se que os idosos tenham providenciado uma aposentadoria complementar, formado um patrimônio, enfim, que tenham amealhado recursos para viver muitos anos com autonomia financeira.

As pessoas vivem cada vez mais tempo. Atualmente, no Brasil, a expectativa média de vida chega aos 70 anos. Portanto, é importante que essa parte representativa da população viva bem, viaje bastante, frequente festas e restaurantes, invista em cuidados com saúde e beleza, ou seja, que tenha uma vida saudável, ativa e prazerosa. Porém, não se pode esquecer que isso somente ocorrerá caso tais pessoas tenham, efetivamente, elaborado e colocado em prática, durante toda sua vida, um planejamento financeiro.

Capítulo 2
ORÇAMENTO FAMILIAR

CONCEITOS

O conceito de orçamento como instrumento de planejamento e controle surgiu nas empresas, portanto, antes de se abordar o orçamento familiar, é importante que seja apresentada a origem do orçamento empresarial. Partindo do princípio que as pessoas devem cuidar de suas finanças de modo mais profissional, como se fossem uma empresa, esses conceitos iniciais se tornam imprescindíveis.

Segundo o dicionário Aurélio, a palavra orçamento tem dois significados: 1. Ato ou efeito de orçar; avaliação; 2. cálculo da receita e dos gastos. No dia a dia, a grande maioria das pessoas conhece e utiliza a palavra orçamento com o sentido de cotação de preços (exemplo: a esposa e o marido estão fazendo um orçamento para compra de uma nova TV de LED, ou seja, estão cotando preços para adquirir um novo eletroeletrônico).

Por outro lado, para a ciência da Administração, a palavra orçamento é mais utilizada para designar o cálculo das receitas e gastos de uma empresa, ou seja, com seu segundo significado. Portanto, de acordo com Carneiro e Matias (2010), quando se ouve que uma organização está fazendo seu orçamento, significa que ela está projetando suas receitas e gastos para o futuro e não simplesmente fazendo uma cotação de preços.

O orçamento empresarial, segundo Lunkes (2009), pode ser definido como um plano dos processos operacionais para um determinado período. Tal autor afirma que o orçamento é um modo representativo dos objetivos econômico-financeiros a serem atingidos por uma empresa, expresso por meio da formalização das projeções de suas receitas e gastos. Para se fazer as projeções, deve ser definida uma unidade de tempo. Quando o orçamento é elaborado por uma empresa, normalmente, a unidade de tempo utilizada é o ano, subdividido em meses.

As origens da utilização do orçamento são antigas e estão no setor público. Dentre as leis da constituição inglesa, escrita em 1689, encontra-se uma que estabelece que o poder executivo (Rei e Primeiro-Ministro) só poderia cobrar certos impostos ou gastar recursos mediante à autorização do poder legislativo (Parlamento).

Lunkes (2009) afirma que o Primeiro-Ministro levava ao parlamento os planos de gastos envoltos em uma grande bolsa de couro, cerimônia que passou a ser chamada de *opening the budget*, ou abertura da bolsa. Naquela época, na língua inglesa, a palavra *budget* significava somente "bolsa grande". A partir de 1800, essa palavra foi incorporada ao dicionário inglês com o significado de orçamento. No Brasil, principalmente em empresas de grande porte, é comum o orçamento ser chamado de *budget*.

De acordo com Zdanowicz (1983), *apud* Lunkes (2009), em organizações privadas, o primeiro registro de utilização do orçamento foi em 1919, pela empresa Du Pont, nos Estados Unidos. No Brasil, apesar do orçamento ter passado a ser foco de estudos a partir de 1940, somente atingiu seu apogeu a partir de 1970, quando empresas passaram a adotá-lo com mais frequência em suas atividades.

Atualmente, a grande maioria das empresas de grande porte utiliza o orçamento como instrumento de planejamento e controle de suas atividades. Infelizmente, por outro lado, as empresas de micro e pequeno porte e as pessoas físicas, sobretudo, por falta de conhecimento, não o utilizam.

Após a apresentação de alguns aspectos acerca do orçamento empresarial, pode-se utilizar seu conceito para, de modo comparativo, elaborar a definição do orçamento familiar:

- orçamento empresarial é a projeção de receitas e gastos que uma empresa elabora para um determinado período de tempo;
- orçamento familiar é a projeção de receitas e gastos que uma família elabora para um determinado período de tempo.

Pode-se dizer que o orçamento familiar é um instrumento (um meio), que pertence à ciência das finanças pessoais, que visa fazer com que as famílias façam a gestão de seus recursos financeiros de modo mais eficaz, ou seja, fazendo com que atinjam seus objetivos econômico-financeiros. De acordo com Hoji (2007), pode-se definir o objetivo econômico-financeiro das pessoas como a maximização de seu patrimônio por meio das profissões que os membros da família exercem.

> **Patrimônio pessoal:** é o conjunto de bens que uma pessoa possui, tais como: imóveis, veículos, joias, objetos de arte, dinheiro, investimentos em instituições financeiras, ações de sociedades anônimas etc. Os itens que compõem o patrimônio de uma pessoa, assim como seus respectivos valores de mercado, devem ser discriminados na declaração do imposto de renda.

Logicamente, as famílias não devem possuir apenas objetivos econômico-financeiros, pois a vida familiar não se resume à maximização do patrimônio. As famílias também devem estabelecer objetivos relacionados à religiosidade, ao companheirismo, à fraternidade etc.

PRINCÍPIOS

O orçamento é um importante instrumento para as empresas elaborarem seu planejamento de curto prazo e, posteriormente, verificar se ele está sendo atingido, exercendo, desse modo, um tipo de controle. Porém, as vantagens que uma empresa poderá obter ao implantar um programa orçamentário, somente serão obtidas, efetivamente, caso sejam seguidos alguns princípios.

Segundo Welsch (1996), esses princípios representam orientações, atividades e abordagens administrativas desejáveis e necessárias em uma empresa, para a aplicação apropriada, por meio de um programa orçamentário, do conceito de planejamento e controle de resultados. Dentre os princípios apresentados por tal autor, pode-se destacar:

- envolvimento da alta administração: os funcionários só levarão o orçamento a sério e se comprometerão com o processo caso a alta administração demonstre sua importância e os cobrem constantemente;
- sistema de custeio bem definido: o sistema contábil deve ser organizado de acordo com a estrutura de responsabilidade da organização, para que se saibam os gastos reais de cada um dos departamentos;

- comunicação integral: o processo de comunicação na organização deve ser ágil e eficiente (em relação aos equipamentos de informática) e participativo e sem barreiras (em relação às pessoas: chefes *versus* subordinados);

- expectativas realistas: na definição das metas de receitas e de gastos, deve ser evitado tanto o conservadorismo exagerado (metas fáceis geram acomodações) quanto o otimismo irracional (metas extremamentes difíceis geram estresses acentuados);

- destacar diferenças significativas: na comparação entre orçado *versus* realizado devem ser analisadas apenas as diferenças significativas, pois, do contrário, os chefes poderão perder muito tempo analisando distorções insignificantes. Portanto, sugere-se que sejam estipuladas faixas de tolerância;

- participação nos lucros: o comprometimento e o envolvimento dos funcionários serão muito mais significativos caso a empresa desenvolva um programa de distribuição de resultados associado ao cumprimento das metas, tanto individuais quanto departamentais, ou seja, deve-se reconhecer o esforço individual dos funcionários e também do departamento do qual faz parte.

Para que o orçamento familiar melhore, efetivamente, a gestão das finanças pessoais, todos os princípios apresentados para as empresas também devem ser levados em conta pelas pessoas físicas. Na sequência, serão apresentadas algumas considerações sobre tais princípios, adaptando-os à realidade das famílias:

- envolvimento da alta administração: no caso das famílias, a alta administração são os pais; portanto, eles devem dar bons exemplos aos seus filhos em relação ao modo como lidam com o dinheiro. Tenha certeza que os filhos estão, constantemente, observando tudo o que nós fazemos, tanto as coisas boas quanto as ruins. Com relação a esse tema, leia o artigo: *A importância dos bons exemplos.*

- sistema de custeio bem definido: cada membro da família deve ficar responsável e ser cobrado pelo controle de algumas despesas. Se isso não ocorrer, ninguém poderá ser responsabilizado se uma determinada despesa aumentar. Para ilustrar tal conceito, imagine que João tenha casado com Maria e que tenha ficado responsável por pagar a conta do telefone. Nos primeiros meses do casamento, João percebeu que os valores de ligações interurbanas eram muito altos. Isso acontecia porque Maria mudou de cidade e deixou três irmãs em sua cidade natal. Ao perceber isso, João comenta que continuará pagando a conta, mas informa que ela deverá arcar com o valor dos interurbanos. Depois de tal resolução, como Maria passou a arcar com tal despesa, o valor dos interurbanos caíram para quase zero;

- comunicação integral: os membros da família devem conversar entre si, constantemente, para tratar de temas relacionados ao orçamento. Os filhos não devem ter receio de conversar com seus pais e vice-versa. Caso os pais estejam enfrentando dificuldades financeiras, não devem ter receio de comunicar isso aos seus filhos;

- expectativas realistas: assim como nas empresas, as definições das metas de receitas e de gastos devem ser feitas com

A IMPORTÂNCIA DOS BONS EXEMPLOS

Certa vez, quando meu filho tinha cerca de 3 anos, tomei um susto. Estávamos no McDonald's e ele retirou o canudo do copo. Posteriormente, aspirou-o, tirou-o da boca e assoprou. Achando aquilo muito estranho, perguntei o que estava fazendo. Ele respondeu que estava fumando! Quando pensei em dizer que aquilo era errado, lembrei-me que já tinha fumado algumas vezes em sua frente.

Caso tivesse dito que não deveria fazer aquilo, logicamente, ele perguntaria porque então eu fumava. Eu poderia utilizar o argumento que isso era coisa só para adultos, mas, com certeza, a resposta não "colaria" na cabeça dele. Decidi ficar quieto e passar a seguir a dica que há no verso de alguns maços de cigarro: não fume na frente de crianças. Felizmente, ele nunca mais fumou canudos.

Sempre que paro em semáforos, faço questão de abrir o vidro para pegar os papéis de propaganda que são entregues, agradecendo e desejando bom trabalho às pessoas que os entregam. Logicamente, não os jogo pelo vidro na próxima esquina, como alguns mal educados fazem. Vou jogando-os no assoalho do carro e depois vão para o lixo.

Quando meu filho está comigo, faço questão de dizer que devemos valorizar o trabalho daquelas pessoas que estão trabalhando sob um sol escaldante. Portanto, o mínimo que podemos fazer é abrir o vidro, pegar o papel e agradecê-los, desejando um bom dia e um bom trabalho.

Nessa semana, um desses trabalhadores estava caminhando do lado direito; portanto, não havia como eu atendê-lo. Meu filho, que agora está com 9 anos, abriu o vidro, pegou o papel e o agradeceu. O rapaz ficou admirado e apertou sua mão. Os dois ficaram felizes, porém, minha felicidade foi infinitamente maior. Pude perceber que meu filho está assimilando os bons exemplos que tento dar.

Nunca se esqueça que, tanto na vida pessoal quando profissional, devemos nos preocupar em dar bons exemplos, pois, com certeza, as pessoas que estão mais próximas de nós estarão nos observando e nos copiando.

Fonte: https://www.revide.com.br/blog/murilo/importancia-dos-bons-exemplos/

muito critério, pois metas muito fáceis de alcançar geram acomodação e, por outro lado, metas muito difíceis geram um estresse acentuado e levam a pessoa à frustração, pois nunca serão efetivamente atingidas;

- destacar diferenças significativas: a pessoa não deve ficar desesperada caso a conta de energia elétrica da sua residência tenha sido orçada em R$ 230,00 e tenha ficado efetivamente em R$ 250,00, pois o valor de R$ 20,00 não representa uma diferença significativa. Só será necessário adotar alguma estratégia para redução de uma despesa quando se considerar a distorção entre o orçado *versus* o realizado realmente significativa;

- participação nos lucros: nas empresas, os funcionários somente se comprometerão, efetivamente, com o orçamento caso saibam que ganharão algo em troca, ou seja, algum tipo de compensação financeira. Nas famílias, os pais podem definir um presente de Natal melhor caso as metas anuais sejam atingidas, ou mesmo programar uma viagem especial de final de ano para comemorar o cumprimento das metas. Tal estratégia é eficiente para comprometer e integrar os membros da família com o orçamento.

BENEFÍCIOS

Viver sem orçamento, segundo o site About.com, é semelhante a viajar sem um roteiro. Embora o indivíduo possa chegar a algum lugar satisfatório, o resultado é normalmente caro e dispendioso. Apesar de muitas pessoas encararem o orçamento como um modo de restrição e de reparação, ele poderá gerar diversos benefícios substanciais à saúde financeira pessoal, tais como:

- funciona como um roteiro: o orçamento irá mostrar onde cada real está sendo gasto. A representação visual dos gastos reais revelará à direção seguida. Quando o curso a ser seguido é incorreto, o orçamento poderá ser utilizado para rever o que está sendo feito. O orçamento é um documento vivo, que deverá ser atualizado com as mudanças que ocorrerem na vida do indivíduo;

- revelam falhas: um orçamento detalhado, quando é comparado aos gastos reais mensais, revelará o uso incorreto do dinheiro. Quando o dinheiro for gasto em itens não orçados, os déficits orçamentários serão criados e poderão ser corrigidos. Quando o indivíduo identificar um tipo de gasto indevido, poderá tomar medidas corretivas;

- alinham prioridades: discussões sobre o orçamento da família poderão revelar diferenças de prioridades, muitas vezes, causadoras de conflitos. Discussões produtivas poderão corrigir problemas e reduzir divergências sobre a utilização do dinheiro. Como o dinheiro é uma parte estressante do casamento, é muito importante identificar discrepâncias antes que se tornem um problema;

- constroem novos hábitos: os esforços para se manter dentro do orçamento tendem a construir novos hábitos de consumo, que poderão ser mantidos ao longo do tempo. Ao trabalhar dentro do orçamento, a família poderá reduzir despesas desnecessárias. Desse modo, o dinheiro estará disponível para as despesas mais importantes e a redução das dívidas se torna possível;

- reduz o estresse: com a utilização do orçamento, a família passará a ter uma noção mais precisa de sua saúde financeira. Não haverá mais necessidade de se fazer suposições para determinar se grandes compras poderão ser feitas ou se as férias desejadas são realmente acessíveis. Quando as despesas anuais são devidamente orçadas, mês a mês, haverá fundos suficientes para que sejam pagas[2];

- controlam os gastos: se os gastos excederem os valores orçados, as correções poderão ser feitas nos meses subsequentes, controlando, desse modo, o fluxo mensal de dinheiro. Quando as dívidas pesarem sobre as finanças mensais, o orçamento poderá mostrar áreas em que as despesas poderão ser reduzidas, encontrando-se recursos para que sejam pagas;

- esforços coordenados: se o objetivo é passar férias em um local sofisticado, os membros da família poderão cobrar mutuamente para que o dinheiro não seja gasto com outras coisas. O orçamento funciona como um termômetro para as finanças da família;

- transforma o dinheiro em uma ferramenta: o processo de orçar todas as despesas mudará a mentalidade em relação ao dinheiro. Em vez de ser gasto, de modo impulsivo, passará a ser visto simplesmente como uma ferramenta para alcançar os objetivos e satisfazer às necessidades da família. Crianças criadas sob uma disciplina orçamentária passarão a dar mais valor ao dinheiro;

- cria superávit de recursos: a utilização do orçamento fará a família viver dentro da realidade de seus rendimentos mensais. Quanto menos dinheiro for gasto, maior será a probabilidade de se obter um superávit financeiro, ou seja, maior a chance da família gastar menos que o total dos seus rendi-

---

2. Sobre o estresse que as dívidas podem ocasionar às pessoas, leia um artigo preocupante que trata desse tema, disponível em: http://www.estadao.com.br/noticias/vidae,dividas--geram-estresse-e-dezenas-de-doencas-cronicas,186574

mentos. Esse superávit poderá ser utilizado para se atingir outros objetivos financeiros;

- crescem os investimentos: o superávit financeiro permitirá que a família passe a fazer investimentos, como, por exemplo, aplicações em instituições financeiras. Tais investimentos poderão garantir um futuro mais tranquilo ou mesmo auxiliar em algum momento de dificuldade financeira, como a perda de emprego de um dos membros da família;

- diversificações dos objetivos: o superávit permitirá que a família possa se mover em direção a outros objetivos importantes, além dos investimentos no mercado financeiro, como, por exemplo, o financiamento da educação universitária para cada criança. Muitos objetivos poderão ser definidos e alcançados a partir do momento que o orçamento for utilizado de modo consistente para monitorar as atividades financeiras da família.

LIMITAÇÕES

Existem algumas limitações que deverão ser consideradas ao se decidir o uso do orçamento familiar. Ele permite, durante o período de um mês ou ano, que as receitas e despesas sejam geridas de modo mais eficaz. Além disso, ajuda a economizar dinheiro e a pagar as dívidas de modo mais tranquilo. No entanto, para colocá-lo em prática, segundo Balle (2012), a família deverá se preparar para enfrentar alguns desafios, tais como:

- disciplina: quando a pessoa adota o orçamento familiar, deve fazer escolhas difíceis e, por vezes, desconhecidas em sua vida. Caso ela ache que seus gastos com entretenimento são muito altos, deverá ajustar seu estilo de vida para reduzi-los. Isso pode significar gastar menos tempo se divertindo ou frequentando lugares mais baratos. Muitas vezes, é preciso tempo e paciência para mudar hábitos e costumes adquiridos há muito tempo;

- tempo dispendido: outra desvantagem em adotar o orçamento familiar é o tempo dispendido para colocá-lo em prática. A pessoa deverá gastar uma quantidade significativa de tempo para criar e gerir seu orçamento. Será necessário tempo para criar uma planilha orçamentária e listar todas as contas e obrigações. Também haverá perda de tempo para fazer as entradas e modificações no orçamento. Antes de se efetuar qualquer grande compra, deve-se verificar se há recursos financeiros para pagá-la. Além disso, também será dispendido tempo para controlar as contas bancárias de modo mais rigoroso;

- relações com a família e amigos: normalmente, quando uma pessoa adota o orçamento familiar, não será a única afetada por ele. Há também os familiares e amigos, que poderão sofrer com o novo estilo de vida financeira. O cônjuge e os filhos podem ter hábitos que estarão fora de sua nova realidade, portanto, será necessário convencê-los a mudar também. Os amigos poderão querer visitar restaurantes caros ou comprar itens que o indivíduo não poderá mais pagar. Diante disso, será preciso convencê-los a começar a ir a locais mais acessíveis. Mudar o comportamento das pessoas próximas é um grande desafio.

> **Administração do tempo:** "Por que as pessoas reclamam tanto da falta de tempo? Seria o excesso de atividades ou a falta de métodos eficazes? Segundo a academia do tempo, a vida é breve e o tempo é pouco, mas é o bastante para quem sabe usá-lo com bom-senso" (http://www.academiadotempo.com.br).

> "Falta de tempo é desculpa daqueles que perdem tempo por falta de métodos!" (Albert Einstein)

Como tudo na vida, a utilização do orçamento familiar apresenta prós e contras; portanto, o indivíduo deve confrontar os dois lados da moeda e decidir se o adotará ou não. Acredita-se que os benefícios que o orçamento poderá gerar para uma família superam em larga escala suas limitações.

Outra limitação apresentada pelos críticos do orçamento é o fato dele ser baseado em projeções futuras que, logicamente, poderão não ser concretizadas. Para rebater tais críticos, pode-se comentar que é melhor ter um planejamento financeiro sujeito a erros do que não ter planejamento algum.

Caso surjam situações inesperadas, que façam com que os rendimentos projetados pela família não ocorram conforme o planejado, ela saberá que os gastos deverão ser reduzidos para se adequarem à sua nova realidade. Se a família não possuísse um orçamento, é muito provável que não pensasse em reduzir seus gastos.

Capítulo 3
ELEMENTOS DO ORÇAMENTO FAMILIAR

Após a apresentação do conceito e das peculiaridades do orçamento familiar (Capítulo 2), o próximo passo é apresentar os elementos que o compõem. O orçamento familiar deve ser composto por três elementos: receitas, despesas e investimentos. Para que ele possa ser, efetivamente, utilizado como um instrumento de planejamento e controle financeiro para a família, cada um desses elementos deve ser analisado com mais profundidade.

RECEITAS

Para que uma família não enfrente problemas financeiros, a principal regra é não gastar mais do que se ganha. Portanto, antes de pensar em gastar, a família deve saber, com a máxima exatidão possível, qual é o valor mensal de receitas que possui. Caso esteja imaginando como é possível gastar mais do que se ganha, serão apresentados, no Capítulo 6, os vários produtos de crédito oferecidos pelas instituições financeiras para propiciar tal "milagre".

Segundo Carneiro e Matias (2010), as empresas possuem mais dificuldades para projetar suas receitas que as pessoas, visto que dependem de quanto seus clientes estarão dispostos a comprar.

Para as pessoas, normalmente, a projeção das receitas não é tarefa tão difícil, visto que a maioria possui salários fixos. A tarefa de projetar as receitas se torna mais difícil para aquelas pessoas que recebem comissões sobre vendas, pois elas poderão variar a cada mês.

Em um orçamento familiar, pode-se definir receitas como todas as entradas de dinheiro que a família terá direito. Didaticamente, as receitas de uma família podem ser classificadas em duas categorias:

- receitas regulares: são aquelas recebidas todo mês, tais como: salário líquido, comissões (exemplo: pessoas que atuam como vendedores), benefícios (exemplo: salário família), reembolso de despesas de viagem, aluguéis de imóveis etc.;
- receitas eventuais: são aquelas que não são recebidas todo mês, tais como: décimo terceiro, férias, bônus, prêmios, heranças, venda de bens próprios (exemplo: automóvel), restituição do imposto de renda, resgate de aplicação financeira, empréstimos de curto prazo (exemplo: utilização do limite de cheque especial) etc.

A princípio, a família não deverá projetar receitas provenientes de resgates de aplicações financeiras, muito menos de empréstimos de curto prazo, pois deverá projetar suas despesas levando em conta somente as receitas regulares e eventuais que está esperando obter. As receitas provenientes de resgates de aplicações financeiras e de empréstimos de curto prazo somente deverão ser utilizadas caso, durante o transcorrer do mês, surja algum tipo de despesa inesperada, ou seja, que não havia sido projetada. Pode-se utilizar como exemplos de despesas inesperadas a manutenção corretiva do carro da família ou os gastos com remédios para curar uma doença eventual.

DESPESAS

Depois que as receitas foram devidamente projetadas, a família poderá definir quais serão os tipos e os valores de despesas com as quais poderá arcar. Desse modo, evitará gastar um valor maior que o valor da receita projetada. Em um orçamento familiar, pode-se definir despesas como todos os desembolsos de dinheiro que a família realizará.

Didaticamente, para que o controle das despesas fique mais organizado, as famílias deverão agrupá-las de acordo com algum critério. Neste livro, adota-se como critério o destino da despesa. Utilizando tal critério, as despesas podem ser classificadas em nove categorias:

- supermercado: alimentos, bebidas, produtos de limpeza, produtos de higiene pessoal, utilidades domésticas (exemplo: talheres), outros itens (exemplo: lâmpadas);
- moradia: aluguel, energia elétrica, telefone, água, manutenção, IPTU, aquisição de móveis e decoração;
- vestuário: roupas, calçados e acessórios;
- transporte: combustível, pedágio, manutenção, seguro, IPVA, táxi, coletivo (ônibus, metrô etc.);
- saúde: convênio médico e odontológico, exames particulares, remédios;
- educação: mensalidade escolar, material escolar, curso de idiomas;
- lazer e entretenimento: cinema, teatro, restaurante, bares, hotéis (viagem), aquisição de eletroeletrônicos;
- despesas bancárias: juros do cheque especial, juros do cartão de crédito, pagamento de empréstimos de curto prazo, tarifas bancárias;

- outras despesas: presentes de aniversário, doações para instituições filantrópicas, imposto de renda etc.

Logicamente, a classificação das despesas apresentada é simplesmente uma sugestão, pois cada família, de acordo com suas características de consumo, poderá definir outros critérios para classificá-las. Além disso, em cada uma das categorias apresentadas, poderão ser inseridas outras despesas, ou mesmo excluídas aquelas que não fazem parte do dia a dia da família.

Dentre as categorias de despesas listadas, uma requer um comentário muito importante, as despesas com educação. Na verdade, essa categoria não deve ser encarada simplesmente como uma despesa, e sim como um investimento. Isso ocorre pelo fato de as despesas que estão ocorrendo no presente propiciarem um possível aumento das receitas no futuro. Além de as pessoas que investem em educação aumentarem suas chances de não ficarem desempregadas, também passarão a ter possibilidade de encontrar oportunidades em outras empresas ou mesmo ser promovidas nas próprias empresas onde trabalham, passando a receber um salário mais alto.

> **Empregabilidade *versus* escolaridade:** segundo Seabra (2012), as principais premissas da Teoria do Capital Humano que abordam conceitos de empregabilidade, relativos à influência positiva da educação (representada pela escolaridade) sobre o salário e sobre a empregabilidade, podem ser confirmadas por meio de pesquisas.

Conforme já comentado, é imprescindível que o orçamento das despesas seja elaborado com muito critério, pois, desse modo, evitará que a família gaste mais do que a receita que possui, gerando as famigeradas dívidas. Segundo o PROCON, as dívidas normalmente surgem por causa de situações inesperadas como doenças, óbitos, separações, desempregos etc. Comportamentos inadequados como compras por impulso, utilização frequente do limite do cheque especial, muitos gastos com cartão de crédito e pequenas despesas não consideradas também são origem da maioria das dívidas.

O PROCON afirma que o orçamento doméstico deve ser elaborado para que as finanças pessoais possam ser administradas de modo melhor, propiciando, desse modo, o controle dos gastos e o planejando das compras. Na prática, o orçamento doméstico ajuda a família a não acabar com seu dinheiro antes do final do mês. Com relação às situações inesperadas, o PROCON sugere que deve ser considerada a possibilidade dessas ocorrências, já que muitas delas são comuns a todos, portanto, é imprescindível manter uma reserva financeira.

INVESTIMENTOS

Em primeiro lugar, a utilização do orçamento tem como objetivo fazer com que a família não gaste mais do que as receitas que possui, evitando, desse modo, que passe a ter problemas financeiros. Porém, é importante ressaltar que o orçamento possui outro objetivo importante, o de propiciar um futuro mais tranquilo à família.

Infelizmente, a grande maioria das pessoas esquece que se aposentará um dia, portanto, não se prepara financeiramente. Em geral, quando a aposentadoria chega, as receitas diminuem e as despesas aumentam. Para ilustrar tal afirmação, basta que seja lembrado que o valor pago pelo INSS aos aposentados quase sempre é inferior ao salário que a pessoa possuía quando ainda estava trabalhando.

Além disso, quando uma pessoa que trabalha em uma empresa aposenta, perderá o convênio médico e precisará fazer um plano particular. Para pessoas com idade mais avançada, tais planos são caríssimos. Segundo Carneiro e Matias (2010), também é importante lembrar que poderá haver mais gastos com remédios e que o indivíduo poderá ter filhos que ainda não se tornaram independentes, fazendo faculdade e financiando suas atividades de entretenimento às suas custas, ou seja, filhos "paitrocinados".

Diante dessa realidade, é imprescindível que as pessoas se preparem financeiramente para o momento da aposentadoria, ou seja, precisam fazer investimentos no presente para garantir um futuro melhor. Para que tal objetivo possa ser concretizado, além de não gastar mais do que ganham, devem reservar parte de sua receita para fazer investimentos.

Após tais constatações, é imprescindível que seja inserido no orçamento familiar o elemento investimentos, que pode ser definido como todos os desembolsos de dinheiro que a família realizará no presente, visando um futuro mais tranquilo e seguro.

É fundamental reconhecer que as receitas não devem ser destinadas somente ao pagamento das despesas mensais. Portanto, as receitas obtidas mensalmente também deverão ser economizadas para aquele período em que as pessoas deixarão de trabalhar, ou seja, o período da aposentadoria. Diante de tais constatações, o consultor financeiro Gustavo Cerbasi, em entrevista ao site ABQV, comenta que "o caminho para garantir a manutenção do padrão de vida é gastar menos do que ganhamos e investir com qualidade as 'sobras', aplicando-as em investimentos que conheçamos bem."

Dentre os investimentos que uma família pode fazer, destacam-se: a poupança, o Certificado de Depósito Bancário (CDB), os fundos de investimentos, os títulos de capitalização, a previdência privada, a aquisição de imóveis e de ações de sociedades anônimas de capital aberto. Nos Capítulos 7 e 8, esses investimentos serão apresentados detalhadamente.

Apesar de não ser um hábito comum entre os brasileiros, é muito importante pensar seriamente no futuro. Felizmente, várias empresas de grande porte já atentaram para essa necessidade e, por meio de planos de previdência complementar (também conhecidos por fundos de pensão), estão fazendo algo de concreto para seus colaboradores. Segundo a Odeprev, empresa que administra o plano de previdência complementar aos integrantes do grupo Odebrecht, todo indivíduo deve pensar no seu futuro e de sua família, levando em consideração vários fatores que irão influenciar seu modo de viver no futuro:

- aumento da expectativa de vida: atualmente, a expectativa de vida, segundo dados divulgados pelo Instituto Brasileiro de Geografia e Estatística (IBGE), em dezembro de 2010, é de 73,2 anos. O aumento foi de 10,6 anos se comparado a 1980. Se a população está vivendo mais, consequentemente, precisará de mais recursos para sobreviver no período da aposentadoria;

- gastos com saúde: o gasto com assistência médica no envelhecimento se torna um peso alto para o nível de renda. Portanto, a prevenção da saúde o quanto antes é o melhor modo: prática de exercícios, alimentação adequada, visita periódica aos médicos são alguns fatores importantes para manter uma vida saudável, prevenindo doenças futuras;

- valor da aposentadoria: há um descompasso na previdência pública com o aumento do quantitativo de aposentados e pensionistas e a arrecadação inferior ao necessário. A previdência tem um déficit de mais de R$ 2 bilhões mensalmente, que implicará em reformas no sistema para garantir que os atuais contribuintes possam usufruir do benefício no futuro. Isso certamente implicará em redução do valor real dos benefícios e aumento do limite de idade para aposentadoria;

- atividades ocupacionais: os indivíduos que passam anos com atividade habitual de trabalho, quando chega o momento da aposentadoria e ficam sem uma alternativa ocupacional, tornam-se entediados, criando problemas para si e para os familiares. Para evitar tal problema, é importante planejar uma atividade para o "pós-aposentadoria", seja abrir um negócio, estudar, desenvolver atividades filantrópicas, viajar etc. Porém, qualquer que seja a alternativa, será necessário ter recursos além da aposentadoria do INSS que, geralmente, é inferior ao salário da ativa.

> **Fundo de pensão:** fundação ou sociedade civil que gere o patrimônio de contribuições de participantes com o objetivo de proporcionar rendas ou pecúlios. No Brasil, são chamados de Entidades Fechadas de Previdência Complementar. Em 1997, foram regulados por meio da Lei nº 6.435, abrindo à possibilidade de conceder pecúlios e rendas a qualquer empresa ou entidade, como igrejas, cooperativas e outras pessoas jurídicas.

GESTÃO DO RELACIONAMENTO COM OS BANCOS

Conforme já comentado, as pessoas devem cuidar de suas finanças de modo mais profissional, como se fossem uma empresa. Partindo desse princípio, serão apresentados alguns comentários sobre a importância dos bancos para as empresas. Posteriormente, serão feitas algumas analogias e comentários referentes às pessoas físicas.

Atualmente, para a imensa maioria das empresas, a quantidade de dinheiro que circula pelas contas correntes bancárias é muito maior que a quantidade que circula pelo caixa interno, ou seja, a maioria dos pagamentos e dos recebimentos é feita por meio dos bancos e não por meio do caixa interno que a empresa possui. Para que esse conceito fique mais claro, basta imaginar que, quando pagamos alguma conta, proveniente de algum produto que compramos ou de algum serviço que nos foi prestado, na maioria das vezes, o pagamento é feito por meio de um boleto bancário, portanto, não precisamos nos deslocar à empresa para efetuar o pagamento.

> *Manter relações bancárias fortes é um dos elementos mais importantes em um sistema eficaz de gerenciamento do caixa. Bancos se tornaram realmente conscientes da lucratividade de contas de sociedades anônimas e, em anos recentes, desenvolveram um número de serviços inovadores para atrair negócios. Os bancos não são mais somente lugares para estabelecer contas correntes e obter empréstimos; no lugar disso, eles se tornaram a fonte de uma variedade de serviços de gerenciamento de caixa. É claro, serviços bancários devem ser usados apenas quando os benefícios obtidos com eles são maiores que os custos.*
> (GITMAN, 2001)

Durante o mês, dentro do processo de orçamento familiar, as receitas e despesas orçadas deverão ser efetivadas, ou seja, os valores das receitas deverão entrar e os das despesas deverão sair do nosso bolso. Atualmente, do mesmo modo como ocorre nas empresas, a circulação de dinheiro das pessoas físicas ocorre muito mais pela conta bancária do que pelo bolso propriamente dito. Isso ocorre por vários motivos, tais como: o aumento nos índices de criminalidade faz com que as pessoas evitem andar com muito dinheiro consigo ou mesmo guardá-lo em casa; os produtos bancários oferecem comodidade aos clientes (pagamentos via débito direto em conta corrente, cartões de débito e de crédito, crédito do salário direto em conta corrente etc.). Diante dessa constatação, é imprescindível que as pessoas saibam se relacionar de modo satisfatório com os bancos.

Relacionar-se de modo satisfatório com os bancos não é uma tarefa simples. Prova disso é que, segundo o site *InfoMoney*, muitas queixas de consumidores são a respeito do relacionamento com seus respectivos bancos. Segundo apurou o PROCON-SP, no primeiro semestre de 2011 foram 12.893 reclamações registradas. Já em 2012, foram 15.677, representando um aumento de 21,5% nas queixas. Com relação às tarifas que podem ser cobradas pelos bancos, leia o artigo: *Cuidado com os bancos, pois eles não são poltronas*.

Para o economista Humberto Veiga, autor de *Case com seu banco com separação de bens*, a relação com o banco é como um casamento. Portanto, para que o casamento seja satisfatório, é imprescindível que o cliente siga algumas dicas. Na sequência, são apresentadas algumas dicas formuladas por tal economista, divulgadas por meio do site *InfoMoney*:

- relacionar-se bem com seu gerente: é importante saber aproveitar as funções do gerente bancário. Por conta da abundância de tecnologia com call centers e costumer services, os usuários passaram a buscar menos o gerente. "Isso não deveria ser assim. Um bom gerente pode ser a 'salvação da lavoura'", comenta o especialista, que aconselha os clientes a procurar conhecer seu gerente. "Tire um tempinho e vá até a agência, mas lembre-se de que ele tem de ganhar dinheiro para o banco, senão perde o emprego", fala;

- investimentos: as leis defendem os usuários, afirmando que os bancos devem oferecer o que há de melhor para o cliente

CUIDADO COM OS BANCOS, POIS ELES NÃO SÃO POLTRONAS

De acordo com uma reportagem veiculada pelo Universo On Line (UOL), abrir conta em um banco é algo cada vez mais corriqueiro na vida do consumidor brasileiro. Conhecer o que pode ou não ser cobrado, porém, é fundamental nesse início de relacionamento para que o consumidor não acabe gastando mais do que o necessário com a conta.

"Muita gente acaba pagando por serviços que não usa, principalmente as pessoas mais humildes, que não têm acesso à informação", diz o advogado especializado em direito bancário Alexandre Berthe. "É preciso monitorar sempre o extrato da conta", sugere.

Todos os consumidores têm, por exemplo, direito a uma quantidade mínima de serviços gratuitos, como determina o Banco Central. Dentre eles estão o fornecimento de um cartão de débito, a realização de até quatro saques mensais e a retirada de dois extratos. "Dependendo do uso que o consumidor faz da conta, esses serviços podem ser suficientes, e ele não precisa contratar um pacote de tarifas", diz a assessora técnica do PROCON-SP, Edila Moquedace.

Trabalhadores contratados pelo regime da CLT e funcionários públicos também podem optar por ter uma conta-salário. Essa conta é vantajosa para quem já tem conta em banco, mas precisa abrir outra numa instituição diferente só para receber o salário pago pela empresa. Se ele abrir uma conta-salário, poderá transferir o valor recebido sem pagar nenhuma tarifa.

Um teste feito recentemente pelo Instituto Brasileiro de Defesa do Consumidor (IDEC) comprovou como o início de relacionamento do cliente com o banco pode ser conturbado. Em dezembro de 2011, voluntários do Instituto abriram contas em agências de seis bancos e avaliaram as informações dadas aos novos clientes.

Os bancos foram reprovados em vários quesitos. Nenhum deles informou, espontaneamente, sobre a existência dos serviços gratuitos aos consumidores e todos concederam cheque especial sem o cliente ter solicitado. Em 2011, pela primeira vez em 12 anos, os bancos passaram as empresas de planos de saúde como o setor que mais teve reclamações no IDEC.

Ao lermos a reportagem veiculada pelo UOL, devemos nos lembrar que se os bancos fossem bons mesmo receberiam o nome de "poltronas", pois elas são muito mais aconchegantes e confortáveis. Os "bancos" são muito duros; consequentemente, não dá para ficar sentado neles por muito tempo. Portanto, devemos abrir bem os olhos ao negociarmos com eles.

Fonte: http://www.revide.com.br/blog/murilo/post/cuidado-com-os-bancos-pois-eles-nao-poltronas/

e não focar somente nos interesses da própria instituição, ou seja, o consumidor tem o direito de saber quais formas de investimento são mais rentáveis para o seu bolso. Caso o usuário não seja informado corretamente sobre os caminhos mais seguros e compensadores de investimentos, terá direito de receber até indenizações por conta disso;

- comparar e pechinchar: engana-se quem pensa que banco não é como uma loja qualquer, não sendo viável a prática da pechincha. Veiga adverte sobre a importância de pesquisar os serviços em mais de uma instituição e ser sincero com o gerente, relatando sobre sua busca por serviços que tenham melhor custo *versus* benefício e tirando todas as dúvidas a respeito de tudo o que envolve as diversas operações;

- controlar a ansiedade: Veiga diz que o crédito é uma máquina do tempo, fazendo com que coisas que somente poderiam ser realizadas ou adquiridas no futuro sejam feitas no presente. O crédito é um serviço financeiro e não um simples produto, portanto, é necessário muito cuidado quando for levá-lo para casa, sobretudo, em relação à ansiedade que muitas pessoas carregam. "Você tem que pesquisar onde ele é mais barato e quais são as opções para conseguir recursos baratos", orienta ele.

Na relação com os bancos, os clientes também devem ficar atentos às operações casadas, que são proibidas. Normalmente, isso ocorre quando o cliente está necessitando muito de um produto e o gerente aproveita para empurrar outro. Como exemplo, pode-se citar a situação de um cliente que está precisando aumentar seu limite de cheque especial e o gerente aproveita para empurrar um seguro de vida ou um título de capitalização, alegando que, para que o limite seja aumentado, o cliente precisa aumentar sua reciprocidade com o banco.

A verdade é que os gerentes possuem metas arrojadas para vender produtos e serviços bancários, portanto, quando percebem que um cliente está vulnerável por causa de uma necessidade extrema, aproveitam para empurrar algum produto. A solução para esse problema é não se tornar vulnerável, ou seja, não se tornar refém de um banco devido a uma necessidade extrema. Na maioria das vezes, tal situação advém da necessidade de empréstimos que foi originada pela má gestão do orçamento familiar.

Já que o tema principal deste livro foi retomado, orçamento familiar, é importante lembrar que os bancos possuem produtos e serviços que podem auxiliar as pessoas a geri-lo de um modo mais eficaz. Assim como as empresas, as pessoas físicas também não deveriam deixar dinheiro parado em suas contas correntes, pois, além de não ganharem nada com isso, tais recursos serão corroídos pela inflação. Portanto, o saldo ideal, a ser mantido em nossas correntes bancárias, deveria ser zero. Porém, como é necessário pagar várias contas durante o mês, em datas diferentes, como será possível deixar um saldo igual a zero?

Para contornar tal problema, quando o salário do indivíduo for depositado em sua conta corrente, deverá ser aplicado em um fundo de investimento com resgate automático, que é um tipo de aplicação financeira oferecido pela grande maioria dos bancos. Portanto, caso o salário seja aplicado nesse tipo de fundo, não será necessário deixar nenhum valor parado na conta corrente, ou seja, o saldo será sempre igual a zero.

Ao longo do mês, à medida que os cheques emitidos forem sendo compensados, a conta corrente não ficará negativa, pois o sistema de computador do banco resgatará da aplicação, automaticamente, o valor necessário para cobrir o cheque. Ao manter seus recursos financeiros aplicados, além de reduzir a perda com o dinheiro que ficaria parado, o indivíduo ainda ganhará um pouco de juros.

Capítulo 4
MÉTODO DE ELABORAÇÃO

De modo simplificado, pode-se dizer que método é um caminho que deverá ser seguido para que um objetivo possa ser alcançado. Nos três primeiros capítulos, foram apresentados vários conceitos e peculiaridades sobre o orçamento familiar. Porém, para que possa efetivamente utilizá-lo, é imprescindível que conheça um caminho, ou seja, um método didático para elaborá-lo.

ETAPAS DO ORÇAMENTO FAMILIAR

Quem pratica esportes já deve ter ouvido falar na frase: *No pain, No gain*, que, em uma tradução livre, significa "sem sofrimento, sem resultados". Essa frase, segundo Carneiro e Matias (2010), também pode ser aplicada à vida financeira de uma família. Será que existem atletas que tenham atingindo algum objetivo difícil sem ter passado por muito sofrimento ou ter empreendido grande esforço? Caso esteja convencido que o sofrimento vale a pena, comece a utilizar o orçamento familiar a partir de hoje.

No início do processo de elaboração do orçamento familiar, que demandará dois ou três meses, não se preocupe em fazer projeções das receitas e das despesas para os meses seguintes. Nessa primeira etapa, preocupe-se apenas em listar os tipos e os valores das suas despesas mensais, montando, assim, um plano de contas.

> **Plano de contas pessoal:** cada tipo de despesa ou de receita da família passará a ser uma conta, devendo receber um nome específico. Caso seja consertado um cano, deve-se contabilizar tal despesa na conta manutenção da casa. Caso seja creditado um valor na conta corrente bancária, proveniente do trabalho de um membro da família, deve-se contabilizar tal receita na conta salário.

Ao terminar a primeira etapa, a família terá concluído a elaboração do seu plano de contas. Após a obtenção desses dados, devem ser calculadas as médias dos valores das despesas mensais. Para que esse conceito fique mais claro, imagine que a despesa com energia elétrica, durante três meses, tenha sido, respectivamente, de R$ 175,00; R$ 162,00 e R$ 158,00. Nesse caso, a média das despesas da família com energia elétrica será de R$ 165,00.

A próxima etapa deverá ser a projeção dos valores das despesas para os meses seguintes, levando-se em conta as médias que foram calculadas. No exemplo das despesas com energia elétrica, a família deverá orçar o valor de R$ 165,00. Logicamente, esse processo deve ser elaborado para todas as despesas que foram identificadas no plano de contas da família.

Quando tal processo for finalizado, poderá ser identificado um problema, pois, ao comparar os valores que foram orçados para as despesas dos meses seguintes, pode-se descobrir que a receita que a família receberá não será suficiente para cobri-las, ou seja, foi descoberto um grande problema: a família está gastando mais do que ganha.

Diante de tal situação, para os próximos meses, é necessário que sejam orçados valores menores para algumas despesas, sempre tendo em mente que a família não pode gastar mais do que ganha. Na prática, para que as despesas possam ser efetivamente reduzidas durante o mês, deverão ser adotadas algumas estratégias (*algumas sugestões serão apresentadas no Capítulo 5*).

Em um primeiro momento, o principal objetivo do orçamento é fazer com que a família não gaste um valor superior ao da receita que apura. Posteriormente, após as despesas terem sido equilibradas em relação às receitas, é preciso que seja feito um esforço extra para conseguir ter uma sobra de dinheiro, que deverá ser destinada a algum tipo de investimento, que gerará, no futuro, mais tranquilidade e segurança à família.

PLANILHA ORÇAMENTÁRIA

Um dos princípios do orçamento empresarial, que também deve ser aplicado ao orçamento familiar, é sua utilização como um instrumento de controle. Para que tal princípio seja efetivamente colocado em prática, é imprescindível que a família elabore um relatório gerencial, ou seja, algum tipo de planilha em que possa observar se o que foi projetado efetivamente ocorreu.

A planilha orçamentária é um instrumento que ajuda na organização do orçamento familiar, facilitando a visualização dos ganhos e gastos dentro do planejamento mensal. São registradas todas as contas com seu respectivo valor, possibilitando que a família tenha uma visão geral de como o salário é distribuído. A planilha pode ser utilizada por qualquer pessoa, não sendo necessário ter conhecimentos específicos na área de finanças. A família deve adaptar a planilha do melhor modo, acrescentando e excluindo itens, conforme a necessidade. Com o uso correto da planilha, fica mais fácil gerenciar o orçamento familiar passo a passo e de modo mais eficaz (CUNHA, 2012).

A dica fornecida por Frezatti (2007) para as empresas também deve ser utilizada pelas famílias: "ao analisar os relatórios gerenciais, os gestores devem identificar se as metas foram alcançadas, quais foram as variações encontradas, analisar, entender as causas da variação e decidir ações que ajustem as metas no futuro ou que permitam manter aquelas que foram decididas."

Imaginando o exemplo de uma família com cinco pessoas: pai, mãe e três filhos, os gestores devem ser os pais. Logicamente, cada família possui uma quantidade diferente de membros, portanto, sugere-se que os gestores sejam aqueles que geram receitas para a família e também aqueles que tenham condições e conhecimento para gerenciar os recursos financeiros.

Segundo Hoji (2007), o gestor financeiro familiar é o membro (geralmente, o chefe da família) que tem a responsabilidade de executar as mesmas funções atribuídas a um gestor financeiro de empresa, podendo consultar um especialista (gerente de banco, por exemplo), até que possa tomar decisões com um mínimo de segurança.

No exemplo da família com cinco pessoas, apesar de os pais serem os gestores, é importante que os filhos também participem da definição dos tipos e dos valores das despesas. Do contrário, eles não se sentirão comprometidos e motivados a participar do processo de controle.

Assim como nas empresas, o ideal seria que o orçamento fosse elaborado para o período de um ano, subdividido em meses. No final de um ano, a família deveria projetar todas as receitas e despesas para o ano seguinte, levando-se em conta todas as sazonalidades que ocorrerão (exemplos: despesas com material escolar em janeiro, receita com décimo terceiro, em dezembro etc.). Com relação às sazonalidades que podem ocorrer no orçamento familiar, leia o artigo: *O enriquecimento ilusório com o décimo terceiro*.

> **Sazonalidade:** vem de sazonar, amadurecer. É uma expressão muito utilizada pelos economistas, referindo-se à alternância de períodos previsíveis de baixas e altas de preços, em decorrência, respectivamente, de aumentos e diminuições na oferta de bens. No caso do orçamento familiar, a sazonalidade está relacionada ao fato de algumas despesas e receitas não serem constantes durante o ano. (http://finpess.blogspot.com.br).

As projeções das receitas e das despesas devem ser colocadas em uma planilha, para que a família possa observar, com mais clareza e nitidez, as metas que deverá alcançar mês a mês. Para ratificar a importância de uma planilha no processo de elaboração do orçamento familiar, pode-se citar a pesquisa desenvolvida por Cunha (2012), que foi realizada com moradores do parque residencial Santa Maria, em Franca/SP. Tal pesquisa constatou que 92% das famílias entrevistadas afirmaram que o uso da planilha facilita o planejamento diário dos ganhos e gastos.

Sugere-se que uma planilha de orçamento familiar possua cinco colunas. Na primeira, devem ser listados os tipos de receitas, despesas e investimentos; na segunda, os valores orçados e, na terceira, os valores efetivamente realizados. Além dessas colunas, também é importante utilizar duas outras: uma para comparar, percentualmente, a variação do valor que foi orçado com o valor que foi efetivamente realizado, e outra para comparar cada um dos itens de receitas e despesas com a receita total da família (Tabela 4.1).

O ENRIQUECIMENTO ILUSÓRIO COM O DÉCIMO TERCEIRO

Em todo final de ano, qual é o motivo que deixa as empresas tristes e os funcionários felizes? Caso não tenha adivinhado, a resposta é fácil, é o décimo terceiro salário. Logicamente, as empresas ficam tristes por terem que desembolsar, no espaço inferior a um mês, duas folhas de pagamento para seus funcionários.

Por outro lado, os funcionários ficam felizes pela sensação de terem ficado ricos. Além dos salários de novembro e dezembro, recebem um salário a mais, dividido em duas parcelas, as quais são pagas, normalmente, nos dias 30 de novembro e 20 de dezembro. Ao receberem tal montante de dinheiro, as pessoas podem cometer o erro de gastar demais.

Infelizmente, a triste notícia a ser dada é que o décimo terceiro salário não é só seu. Não se esqueça que você possui alguns sócios indesejáveis, que pegarão uma grande parte do seu dinheiro no mês de janeiro. Dentre tais sócios, posso destacar o governo municipal (IPTU), o governo estadual (IPVA), as lojas do setor comercial (despesas com presentes de Natal), as empresas ligadas ao turismo (despesas com viagens de férias), as escolas particulares (matrícula dos filhos) e as papelarias (materiais escolares).

Na prática, a grande maioria das pessoas acaba gastando todo seu décimo terceiro em dezembro. Porém, quando chega janeiro, elas percebem que o enriquecimento gerado pelo décimo terceiro foi ilusório. Várias empresas também passam por dificuldades neste período, pois não se organizam financeiramente para poder efetuar o pagamento do décimo terceiro salário aos seus funcionários.

Fonte: https://www.revide.com.br/blog/murilo/o-enriquecimento-ilusorio-com-o-decimo-terceiro/

Tabela 4.1. Simulação da Utilização da Planilha de Orçamento Familiar

Receitas e Despesas Referência: mês / ano	Valores Orçados	Valores Realizados	Real/Orçado Variação (%)	Percentual da Receita Total
RECEITAS TOTAIS	**3.050,00**	**3.000,00**	**-1,64%**	**100,00%**
Regulares	**2.550,00**	**2.450,00**	**-3,92%**	**81,67%**
Salário	1.500,00	1.500,00	0,00%	50,00%
Comissões e benefícios	500,00	400,00	-20,00%	13,33%
Reembolso de viagens	250,00	250,00	0,00%	8,33%
Aluguéis de imóveis	300,00	300,00	0,00%	10,00%
Eventuais	**500,00**	**550,00**	**10,00%**	**18,33%**
Bônus, prêmios ou heranças	500,00	550,00	10,00%	18,33%
DESPESAS TOTAIS	**2.500,00**	**2.538,00**	**1,52%**	**84,60%**
Supermercado	**500,00**	**525,00**	**5,00%**	**17,50%**
Alimentos	350,00	370,00	5,71%	12,33%
Bebidas	50,00	60,00	20,00%	2,00%
Produtos de limpeza	30,00	35,00	16,67%	1,17%
Produtos de higiene pessoal	40,00	45,00	12,50%	1,50%
Outras despesas	30,00	15,00	-50,00%	0,50%
Moradia	**420,00**	**433,00**	**3,10%**	**14,43%**
Energia elétrica	120,00	125,00	4,17%	4,17%
Telefone	150,00	145,00	-3,33%	4,83%
Água	50,00	48,00	-4,00%	1,60%
Manutenção	100,00	115,00	15,00%	3,83%
Vestuário	**160,00**	**160,00**	**0,00%**	**5,33%**
Roupas	80,00	70,00	-12,50%	2,33%
Calçados	80,00	90,00	12,50%	3,00%
Transporte	**380,00**	**365,00**	**-3,95%**	**12,17%**
Combustível	250,00	260,00	4,00%	8,67%
Pedágio	50,00	45,00	-10,00%	1,50%
Manutenção	80,00	60,00	-25,00%	2,00%
Saúde	**100,00**	**130,00**	**30,00%**	**4,33%**
Remédios	100,00	130,00	30,00%	4,33%
Educação	**600,00**	**600,00**	**0,00%**	**20,00%**
Mensalidade escolar	600,00	600,00	0,00%	20,00%
Lazer e entretenimento	**250,00**	**230,00**	**-8,00%**	**7,67%**

Tabela 4.1. Simulação da Utilização da Planilha de Orçamento Familiar

Receitas e Despesas Referência: mês / ano	Valores Orçados	Valores Realizados	Real/Orçado Variação (%)	Percentual da Receita Total
Cinema e teatro	50,00	40,00	-20,00%	1,33%
Restaurante e bares	100,00	80,00	-20,00%	2,67%
Aquisição de eletrônicos	100,00	110,00	10,00%	3,67%
Despesas bancárias	20,00	20,00	0,00%	0,67%
Tarifas bancárias	20,00	20,00	0,00%	0,67%
Outras despesas	70,00	75,00	7,14%	2,50%
Presentes de aniversário	50,00	55,00	10,00%	1,83%
Doações para instituições	20,00	20,00	0,00%	0,67%
(=) Resultado parcial	550,00	462,00	-16,00%	15,40%
Investimentos	550,00	462,00	-16,00%	15,40%
Financiamento da casa	350,00	350,00	0,00%	11,67%
Aplicação financeira	200,00	112,00	-44,00%	3,73%
(=) Resultado final	0,00	0,00		0,00%

Fonte: Carneiro e Matias (2010, pág. 105).

No final de um ano, devem ser elaboradas 12 planilhas de orçamento, uma para cada mês do ano que irá se iniciar. Logicamente, o processo de elaboração e acompanhamento do orçamento requer tempo, organização e comprometimento de todos os membros de uma família. Em todos os meses do ano, dia a dia, as despesas efetivamente pagas deverão ser anotadas na coluna "valores realizados" da planilha. Tendo-a sempre em mão, a família saberá quanto poderá gastar com cada uma de suas despesas, portanto, não gastará um valor superior ao que foi orçado.

MODELO DE PLANILHA

Para que possa visualizar melhor a importância de uma planilha no desenvolvimento de um orçamento familiar, será apresentado um modelo, em que foram atribuídos valores fictícios nas colunas orçado e realizado (Tabela 4.1). O modelo foi desenvolvido por meio de uma planilha Excel e disponível em http://www.editoradoseditores.com.br/) ou solicitado ao autor (muca.ml@uol.com.br). Ao observar a planilha,  a atenção deve ser nas duas últimas colunas, pois elas darão uma visão mais detalhada dos valores orçados em relação aos valores efetivamente realizados:

- variação percentual do real/orçado: repare que, quando as metas de receitas são atingidas ou superadas, o percentual aparece em itálico (tipo de fonte), pois isso é bom; quando as metas não são atingidas, o percentual aparece em fonte Calibri (tipo de fonte), pois isso é ruim. Com relação às despesas, ocorre o contrário, pois quando a meta foi superada, significa que foi gasto um valor superior ao orçado, e isso é ruim (calibri); quando a meta não foi atingida, significa que foi gasto um valor inferior ao orçado, e isso é bom (itálico). Na simulação apresentada, pode-se observar, por exemplo, que foi obtida uma receita com comissões e benefícios de R$ 400,00, mas havia sido orçado R$ 500,00, portanto, isso é ruim (-20,00%). Por outro lado, foi orçado um gasto de R$ 150,00 com telefone, mas se gastou somente R$ 140,00, portanto, isso é bom (-3,33%);

- percentual da receita total: essa coluna permite que seja observado quanto é gasto com cada um dos itens do plano de contas em relação ao total de sua receita. Na simulação apresentada, pode-se observar, por exemplo, que 17,50% da renda foi gasta no supermercado.

ORÇADO *VERSUS* REALIZADO

Ao final de cada mês, sugere-se que os valores orçados sejam comparados aos valores efetivamente gastos. Desse modo, a família estabelecerá um tipo de controle, pois descobrirá se as metas estipuladas estão efetivamente sendo atingidas e, em caso contrário, poderá estabelecer estratégias para contornar as distorções que possam ocorrer.

Quando o processo orçamentário passa a ser elaborado pelas empresas, alguns gerentes condenam sua utilização como um instrumento de controle, pois alegam que engessa o funcionamento do negócio. Essa crítica é feita utilizando-se o seguinte argumento: "os gerentes só podem gastar os valores orçados para cada conta e, caso surjam eventualidades emergenciais, os gastos não poderão ser alterados".

Assim como no orçamento empresarial, no orçamento familiar esse argumento também pode ser facilmente derrubado, pois os gestores podem remanejar os valores orçados. O orçamento é remanejado quando se retira um determinado valor de um item de despesa, repassando-o a outro. Para exemplificar tal processo, imagine que uma família tenha orçado um valor de R$ 300,00 para lazer e entretenimento e R$ 100,00 para manutenção da casa. No decorrer do mês, ocorre um problema no encanamento e o conserto fica em R$ 150,00. Nesse caso, deve-se remanejar R$ 50,00 do item lazer e entretenimento para o item manutenção da casa. Logicamente, para compensar a despesa extra, a família deverá gastar R$ 50,00 a menos com o item lazer e entretenimento. Não há problema algum em adotar esse procedimento, desde que o total de despesas da família não ultrapasse o valor orçado.

A apresentação dessas considerações sobre "orçado *versus* realizado" traz mais uma vez à tona a importância da família gerir seus recursos financeiros de modo mais profissional, como se fosse uma empresa. Com relação a esse tema, Viegas et al. (2007) afirmam que existem poucos estudos sobre gestão familiar; entretanto, parece razoável supor que as famílias devem adotar critérios semelhantes aos utilizados pelas empresas. Tais autores comentam que nas famílias de classe média e naquelas consideradas ricas se verifica a importância da organização de uma contabilidade[3].

De acordo com Viegas et al. (2007), um dos pontos mais importantes na gestão familiar é o controle. Controlar, dentro da ciência da Administração, significa acompanhar e atuar em um determinado processo, de modo que os seus efeitos estejam em conformidade com padrões (metas) estabelecidos. O controle é exercido para manter os resultados ou para melhorá-los. Controle equivale à administração, gerência. Os autores citados comentam que controlar é monitorar os resultados e buscar as causas (meios) da impossibilidade de se atingir uma meta (fim), estabelecer contramedidas e/ou montar um plano de ação, atuar e padronizar em caso de sucesso.

Quando a família elabora seu orçamento e faz a comparação do "orçado *versus* realizado", está exercendo o processo de controle. Ao exercer o controle de modo eficaz, garantirá recursos financeiros excedentes para fazer alguns investimentos, que propiciarão um futuro mais tranquilo.

O controle faz com que os fatos se conformem aos planos. Depois de traçada uma meta e elaborados os controles para atingir os objetivos, deve-se verificar a execução dos mesmos e/ou aperfeiçoá-los. Um pequeno gasto diário pode representar uma soma ele-

---

3. Sobre a necessidade das famílias organizarem sua "contabilidade", leia um artigo esclarecedor que trata desse tema, disponível em: http://www.unisantos.br/mestrado/gestao/egesta/artigos/177.pdf

vada ao final de alguns anos e ser direcionado para outros fins. Os sonhos são os grandes motivos dos investimentos, e ao pensarmos neles devemos nos lembrar que investir significa adiar um consumo presente, para no futuro ter mais dinheiro para consumir (Viegas et al., 2007).

Capítulo 5

ESTRATÉGIAS FINANCEIRAS PARA PESSOAS FÍSICAS

Para que se possa alcançar um determinado objetivo, é preciso definir uma estratégia, ou seja, um meio a ser utilizado para que o objetivo seja efetivamente atingido. Conforme apresentado no *Capítulo 3*, a utilização do orçamento familiar tem como objetivo fazer com que as despesas sejam menores que as receitas, propiciando, desse modo, que sejam feitos investimentos que garantam um futuro mais tranquilo à família. Portanto, é imprescindível que sejam definidas estratégias financeiras para que tal objetivo seja alcançado.

Como os investimentos somente serão possíveis se a família conseguir ter um superávit financeiro (receitas maiores que as despesas), torna-se necessário adotar estratégias visando aumentar as receitas e diminuir as despesas. Diante de tal constatação, serão apresentadas, na sequência, algumas dessas estratégias.

AUMENTO DAS RECEITAS

Ao ministrar palestras sobre orçamento familiar, sempre ouço a frase: "Professor, é muito difícil controlar meus gastos, pois ganho muito pouco!". Para as pessoas que se encontram nessa situação, há duas alternativas: continuar gastando mais do que ganham via endividamento ou buscar alguma estratégia para aumentar as receitas da família.

Caso a pessoa opte por continuar gastando mais do que ganha via endividamento, mais cedo ou mais tarde, um grande problema surgirá, pois a dívida se tornará impagável e os credores (instituições financeiras e/ou comércio) a cobrarão judicialmente, colocando o nome do devedor nos órgãos de proteção ao crédito, como SPC Brasil e Serasa Experian. Diante dessa realidade, a alternativa do endividamento não é um bom negócio.

> **SPC Brasil:** é o sistema de informações das Câmaras de Dirigentes Lojistas (CDL). Fornece informações creditícias sobre pessoas físicas e jurídicas, auxiliando na tomada de decisões para concessão de crédito pelas empresas em todo país. (https://www.spcbrasil.org.br/).
>
> **Serasa Experian:** apoia empresas e consumidores em suas decisões de crédito e oferece soluções para gestão de riscos, marketing e certificação digital. (https://www.serasaexperian.com.br/).

Portanto, caso a pessoa queira gastar mais do que ganha, ou seja, queira ter um padrão de consumo mais alto, a única opção racional é buscar aumentar suas receitas. Segundo o site Educação Financeira, o primeiro passo a ser dado nesse sentido é verificar a possibilidade de outros membros da família também exercerem uma atividade remunerada:

- filhos: caso a pessoa tenha filhos que estão em idade de trabalhar, talvez seja hora de incentivá-los a encontrar um emprego em tempo parcial. Isso pode permitir que seja economizado dinheiro em mesada. Além disso, tal atitude levará os filhos a aprender lidar melhor com o dinheiro e adquirir o hábito de poupar. Quando um adolescente recebe R$ 30,00 dos seus pais para sair, com certeza, achará que é um valor muito baixo. Porém, a partir do momento que começar a trabalhar, perceberá que ganhar R$ 30,00 não é tão fácil, portanto, pensará dez vezes antes de gastá-los;

- cônjuge: nas gerações anteriores era impensável que ambas as partes em um mesmo domicílio conjugal precisassem trabalhar. Porém, como o custo de vida hoje em dia é altíssimo, tornou-se quase imperativo que a outrora dona de casa gere uma renda. Se sair de casa para trabalhar não é uma opção, devem ser consideradas algumas maneiras criativas de criar uma renda extra a partir de casa.

Já que se falou sobre criar renda extra a partir de casa, saiba que existem diversos exemplos de empresas que surgiram devido a pessoas que precisavam aumentar sua renda e montaram seus próprios negócios. Quem sabe não há dentro de você um empreendedor latente?[4]

Segundo Cherobim e Espejo (2010), o Serviço Brasileiro de Apoio às Micro e Pequenas Empresas (SEBRAE) oferece, via Internet, cursos gratuitos e um roteiro de plano de negócios para quem quer planejar a abertura de um empreendimento. Caso se interesse em conhecer mais detalhes, acesse o site: http://www.sebrae.com.br ou ligue para 0800.570.0800, pois buscar ajuda de quem entende de gestão é um grande passo para o sucesso.

Por outro lado, caso acredite que não tem perfil para montar um pequeno negócio, mas possui facilidade para se comunicar, que tal se tornar um vendedor autônomo? Há diversas empresas que fazem parcerias com vendedores autônomos, principalmente, no segmento de cosméticos e perfumaria. Dessse modo, poderá utilizar seu tempo vago para se dedicar a tal atividade.

---
4. Caso queira conhecer uma história real de empreendedorismo, leia um interessante depoimento que trata desse tema, disponível em: http://www.cacaushow.com.br/sobreacacaushow

O site Educação Financeira, além de citar à possibilidade do aumento da receita por meio da atividade remunerada de outros membros da família, também trata de dois outros aspectos importantes:

- de novo na escola: as habilidades que a pessoa adquiriu ao longo dos anos são, provavelmente, seus maiores triunfos. Apesar de não ser fácil voltar à escola depois de ter estado no mercado de trabalho por um bom tempo, tal atitude pode ser um passo na direção certa. A realidade é que o desemprego tem sido alto para os desatualizados num mercado de trabalho extremamente competitivo. Voltar à escola e atualizar as habilidades é um ótimo modo de obter vantagem sobre a concorrência, levando à pessoa a um emprego melhor e a um consequente aumento da sua receita;

- mantenha sua saúde: apesar de sempre ser deixado de lado pela maioria, a saúde é um aspecto muito importante. Se a pessoa não se mantiver saudável, como poderá sustentar sua família e aumentar sua receita? Com relação à necessidade das pessoas se preocuparem mais com sua saúde, leia o artigo: *Tempo é saúde*.

Ao se abordar o tema aumento das receitas, é bom deixar claro que, excluindo-se os prêmios das loterias, não existem soluções mágicas, ou seja, não há meios lícitos para se ganhar dinheiro de modo rápido e fácil. Portanto, é importante que as pessoas fiquem atentas às propostas para participarem de pirâmides financeiras. Segundo Silva (2012), para se identificar uma pirâmide, basta fazer duas perguntas: 1) qual é o produto ou o serviço que esse negócio fornece? Se a resposta for nenhum, é uma pirâmide; 2) de onde vêm os ganhos? Se a fonte não puder ser claramente identificada, é

TEMPO É SAÚDE

Com certeza, você já ouviu a frase "tempo é dinheiro". Porém, caso a adote como filosofia de vida, possivelmente, não terá tempo para desfrutar dos prazeres materiais que o dinheiro pode comprar. Pior que isso, caso não reserve um tempo para cuidar da sua saúde, morrerá antes de se aposentar; portanto, tempo também deve ser saúde, não só dinheiro.

De acordo com a matéria escrita por Flávia Ghiurghi, divulgada no site Carreira e Negócios, o discurso dos profissionais bem-sucedidos é quase sempre o mesmo: "Nossa, o tempo voa, já são cinco da tarde e não fiz metade do que tinha de fazer!" Ao contrário do que se pensa, nem sempre a sensação do dia curto é sinal de trabalho em excesso. Na maioria das vezes, a indisciplina é a grande responsável pela impossibilidade de finalizar as tarefas do dia, bem como realizar outras atividades como a prática de esportes, fundamental até mesmo para aumentar a produtividade no trabalho.

"Hoje, saber conciliar carreira com vida pessoal, tornou-se um assunto delicado. A competição acirrada exige um posicionamento mais ativo por parte dos profissionais. Desse modo, somos obrigados a encarar processos de evolução do mercado com especializações, pesquisas e inovações constantes. Além disso, a mobilidade tecnológica permite a execução do trabalho em qualquer hora ou local, o que interfere, inevitavelmente, nos momentos que deveriam ser pessoais e não profissionais", avalia a consultora Aline Santos.

Entretanto, apesar de muitas pessoas acharem que precisam de mais do que 24 horas para concluir todas as tarefas planejadas, o dia pode ser bem mais rentável do que se imagina. "Pessoas que fazem bom uso de suas agendas costumam obter melhores resultados no trabalho e na vida pessoal. O segredo é concentrar suas energias nas tarefas prioritárias e planejar seu dia, sempre. Esse é o melhor modo de conseguir um bom aproveitamento do seu tempo", afirma o consultor José Luiz Cunha.

Mesmo com as dicas desses especialistas, você deve estar pensando que não é nada fácil administrar a questão do tempo. Apesar da questão ser complexa, precisamos adotar métodos para gerenciar melhor nosso tempo. Afinal, pessoas estressadas não rendem no trabalho e negligenciam a qualidade de vida. E, definitivamente, não é isso que as empresas querem. O cansaço gera erros por falta de atenção, inibe a inovação e causa, inclusive, dificuldade para trabalhar em grupo.

Segundo Albert Einstein, "falta de tempo é desculpa daqueles que perdem tempo por falta de métodos". Além disso, caso você não encontre tempo para cuidar da saúde, mais cedo ou mais tarde, terá que encontrar tempo para cuidar das suas doenças.

Fonte: https://www.revide.com.br/blog/murilo/tempo-e-saude/

uma pirâmide. O autor também comenta quatro características das pirâmides financeiras para justificar porque elas não resolverão à necessidade de aumentar as receitas:

- movimentam apenas dinheiro; não fornecem produtos nem serviços. Por causa disso, fogem ao controle dos órgãos do Governo. E, por isso, são proibidas;
- quem entra primeiro sempre vai ganhar mais do que quem entra depois;
- não se identifica claramente de onde vem o ganho;
- quando chega a um volume grande de associados, chama a atenção do Governo e o processo para, deixando muitas pessoas apenas com o prejuízo.

Deve-se tomar cuidado para não confundir as pirâmides financeiras com as empresas que trabalham com o conceito de Marketing de Rede, também conhecido por Marketing Multinível ou, em inglês, *Multi Level Marketing* (MLM). De acordo com Marks (1995), o marketing de rede é um sistema de distribuição ou modo de marketing, que movimenta bens e/ou serviços do fabricante para o consumidor por meio de uma rede de contratantes independentes.

No Brasil, existem diversas empresas que utilizam o conceito de marketing de rede para vender seus produtos ou serviços e estão totalmente regularizadas pelos órgãos governamentais. Nelas, segundo Silva (2012), quem entra depois pode ganhar mais do que quem entrou antes e os ganhos dos seus associados são identificados por meio de relatórios periódicos. Pode-se citar como exemplos: Herbalife, Polishop, Forever e Mary Kay.

Além das estratégias apresentadas, as pessoas que possuem uma receita mensal muito pequena podem tentar obter recursos por meio de programas governamentais, como, por exemplo, o Bolsa Família. O programa Bolsa Família, que foi implantado em 2003, unificou os vários programas de transferência de renda existentes até aquele momento: o Programa Bolsa Escola, o Bolsa Alimentação, o Auxílio Gás e o Cartão Alimentação. Segundo Suplicy (2013), esses programas surgiram das discussões sobre uma proposta de garantia de renda mínima que tinha sido apresentada por vários economistas e cientistas sociais ao longo da história, em muitos países, inclusive no Brasil.

O Programa Bolsa Família, de acordo com o Ministério do Desenvolvimento Social (2018), atende as famílias que vivem em situação de pobreza e de extrema pobreza. Foi utilizado um limite de renda para definir esses dois patamares. Assim, podem fazer parte do programa:

- todas as famílias com renda *per capita* de até R$ 85,00 mensais;
- famílias com renda *per capita* entre R$ 85,01 e R$ 177,00 mensais, desde que tenham crianças ou adolescentes de 0 a 17 anos.

Os valores dos benefícios pagos pelo Programa Bolsa Família, segundo o Ministério do Desenvolvimento Social, variam de R$ 89,00 a R$ 390,00, de acordo com a renda *per capita* da família e com o número de crianças e adolescentes de até 17 anos que a compõe. O Programa tem, basicamente, três tipos de benefícios:

- Benefício básico: valor de R$ 89,00. É pago às famílias consideradas, extremamente, pobres, com renda *per capita* de até R$ 85,00, mesmo que elas não tenham crianças, adolescentes ou jovens;

- Benefício variável vinculado à criança: valor base de R$ 41,00. É pago às famílias pobres, com renda *per capita* de até R$ 177,00, desde que tenham crianças e adolescentes de até 15 anos, gestantes e/ou nutrizes. Cada família pode receber até cinco benefícios variáveis, ou seja, até R$ 205,00;

- Benefício variável vinculado ao adolescente: valor base de R$ 48,00. É pago a todas as famílias do Programa que tenham adolescentes de 16 e 17 anos frequentando a escola. Cada família pode receber até dois benefícios variáveis vinculados ao adolescente, ou seja, até R$ 96,00.

> Para se obter a renda *per capita* de uma família, deve-se somar o valor da renda de todos e dividir o resultado pelo número de pessoas que a compõe, incluindo as crianças que não trabalham e, consequentemente, não possuem renda.

Mesmo que a família se enquadre nas exigência para obter o Bolsa Família, para que possa receber efetivamente o benefício, existem algumas outras condições necessárias:

- se a mãe estiver grávida, deverá ir às unidades de saúde da rede pública para fazer seu exame pré-natal e o acompanhamento de sua saúde até o bebê nascer;

- os pais devem levar seus filhos com idade até seis anos ao sistema público de saúde para receberem suas vacinas de acordo com o calendário do Ministério da Saúde;

- as crianças de 7 a 15 anos e 11 meses de idade devem comparecer a, pelo menos, 85% das aulas nas escolas e os adolescentes de 16 a 18 anos de idade devem comparecer a, pelo menos, 75% das aulas.

O Programa Bolsa Família, de acordo com Suplicy (2013), foi e é considerado como um passo em direção à Renda Básica de Cidadania (RBC). A RBC foi instituída no Brasil em 2004, por meio da Lei nº 10.835. Todos os residentes no Brasil, incluindo os estrangeiros que vivem no país há cinco anos ou mais, independentemente de sua condição socioeconômica, terão direito a receber a RBC.

O parágrafo primeiro do artigo primeiro da Lei que instituiu a RBC estabelece que ela será implementada por etapas, sob o critério do Poder Executivo, observando primeiro os mais carentes. Do mesmo modo que o Programa Bolsa Família começou localmente, nos municípios, é perfeitamente possível que a RBC siga o mesmo processo. Suplicy (2013) comenta que no Brasil, assim como em outros países do mundo, alguns municípios já implantaram e outros estão em fase de implantação da RBC.

REDUÇÃO DAS DESPESAS

Outro modo da família conseguir atingir um superávit financeiro (receitas maiores que as despesas) é adotando estratégias que visem reduzir suas despesas. Na sequência, são apresentadas algumas estratégias, fornecidas pelo site OZ – Organize:

- alimentação: antes de ir ao supermercado, elabore uma lista de tudo o que precisa. Desse modo, evitará gastos desnecessários. Fique atento à disposição dos produtos nas prateleiras: supérfluos e itens mais caros estão, normalmente, sempre ao seu alcance. Lembre-se de que as pessoas têm maior tendência a comprar supérfluos quando vão ao supermercado com fome;

- vestuário: não compre por impulso. Pesquise! O mesmo produto pode, por vezes, ser encontrado em diversas lojas por preços diferenciados. Cuidado com as promoções. Nem sempre elas são tão vantajosas quanto se apresentam;

- mensalidades (escolares, convênios, clubes etc.): atente-se às cláusulas referentes às datas de vencimento dos pagamentos, assim como às penalidades previstas em contrato. Procure, se possível, adequar os vencimentos a datas posteriores a do recebimento do seu salário;

- lâmpadas: aproveite a iluminação natural, abrindo cortinas e janelas. Locais que não estão sendo usados dispensam lâmpadas acesas. Lembre-se de que pinturas escuras dentro de casa exigem mais iluminação, gerando maior consumo de energia. Em locais de grande circulação (cozinha, área de serviço, banheiro) procure utilizar lâmpadas fluorescentes, que duram mais e reduzem o gasto com energia;

- geladeira e *freezer*: mantenha o aparelho desencostado de móveis ou paredes, em local arejado e distante de fontes de calor (fogão, luz solar etc.). Evite o abre e fecha das portas que provoca grande consumo de energia e não a deixe aberta por longo tempo. Descongele periodicamente. No inverno, regule o termostato do equipamento na menor potência, pois, nesse período, a temperatura não precisa permanecer tão baixa. Saiba que não se deve pendurar roupas na parte traseira do refrigerador. Verifique se a borracha de vedação da porta está em perfeito estado. Não coloque alimentos quentes no interior da geladeira, nem forre prateleiras com toalhas, tábuas, plásticos etc., que prejudicam a circulação do ar frio. Siga, rigorosamente, as orientações fornecidas pelo fabricante do aparelho;

- ferro de passar: acumule a maior quantidade possível de roupas e passe-as de uma só vez, evitando ligar o ferro constantemente. Siga a temperatura indicada para cada tipo de tecido. Primeiramente, passe as peças que necessitam de baixas temperaturas e vá regulando o aparelho à medida que os tecidos forem necessitando de mais calor para serem desamassados. Antes de terminar o trabalho, desligue o ferro, aproveitando o calor restante para passar peças leves e pequenas;

- chuveiro elétrico: evite banhos demorados. Limpe os orifícios de saída de água regularmente. Mude a chave do chuveiro de inverno para verão nos dias quentes. Faça isso com o aparelho desligado;

- televisão: desligue o aparelho quando ninguém está assistindo e não durma com a TV ligada. Caso o aparelho disponha de *timer*, programe-o adequadamente;

- máquinas de lavar e secar: utilize-as em sua capacidade máxima, porém, sem sobrecarregá-las. Mantenha os filtros limpos. No caso das lavadoras, a quantidade de sabão deve ser adequada, de acordo com o indicado pelo fabricante. Mantenha o nivelamento dos aparelhos em relação ao chão;

- telefone: procure utilizá-lo racionalmente. Ligações mais demoradas e/ou interurbanas ficarão mais baratas se feitas em horários de tarifas reduzidas. Informe-se junto às operadoras e pesquise quais são esses horários. Lembre-se de que as ligações em aparelhos celulares possuem tarifas mais elevadas. A utilização da Internet pode ocasionar aumento significativo no valor da conta telefônica. Estabeleça limites para o uso e verifique os horários que apresentam tarifas mais baratas;

- água: mantenha as torneiras sempre bem fechadas e verifique regularmente se não há vazamentos. Utilize a água racionalmente para lavar roupas, louças, limpeza e banho;
- aluguel e condomínio: procure não comprometer mais do que 1/3 de seu orçamento com o aluguel e condomínio. Não atrase o pagamento dessas despesas, evitando juros e multas. Participe regularmente das assembleias de condomínio;
- impostos: o IPVA, IPTU e outros impostos devem ser considerados na elaboração de seu orçamento. Contribuições a órgãos de classe e compromissos com instituições assistenciais não podem ser esquecidas e devem ser relacionados.

De acordo com o site OZ – Organize, economizar em pequenas coisas faz uma grande diferença em seu orçamento no final do mês. Por isso, tente mudar sua rotina habituando-se, por exemplo, a apagar a luz toda vez que sair de um recinto, a fechar bem a torneira, para que ela não fique pingando, a diminuir a chama do fogão quando os alimentos começam a ferver, a pesquisar preços antes de comprar qualquer produto ou contratar serviços.

Além de a pessoa adotar as estratégias apresentadas, que visam reduzir as despesas fixas, não se pode esquecer das despesas imprevistas e sazonais. A família deve reservar sempre uma parcela de seu salário para as despesas imprevistas que podem ocorrer, como: a compra de remédios, a necessidade de adquirir um presente, um pequeno reparo em um eletrodoméstico ou uma saída com amigos. Alguns autores sugerem que seja orçado, mensalmente, 5% da receita para arcar com as despesas imprevistas. Caso tal valor não seja reservado, poderá haver um aumento das despesas com juros pela utilização do cheque especial, pois ele deverá ser utilizado para pagar as despesas imprevistas.

As despesas sazonais como volta às aulas, datas comemorativas (dia dos Pais, das Mães, dos Namorados, da Criança, Natal, Páscoa etc.), também devem ser consideradas, pois podem representar um valor substancial no orçamento. Portanto, as famílias não podem se esquecer de orçá-las. Caso tais valores não sejam orçados, também poderá haver um aumento das despesas com juros pela utilização do cheque especial, pois ele deverá ser utilizado para pagar as despesas sazonais.

O problema da utilização sem critério do cheque especial é abordado com mais detalhes no *Capítulo 6*, porém, como foi citado, é imprescindível que seja feito um comentário sobre as despesas com juros geradas por ele, chamadas de despesas financeiras.

Muitas pessoas, quando começam a utilizar o orçamento familiar, percebem que, devido ao descontrole financeiro que mantinham, estão pagando um valor mensal muito alto de juros provenientes da utilização do cheque especial. Portanto, deve-se adotar uma estratégia para que tal despesa seja reduzida. Sugere-se que se procure o banco e seja negociado um acordo administrativo. Esse acordo consiste em levantar um empréstimo de longo prazo (com juros bem menores e parcelas que se adequem à capacidade de pagamento da pessoa) para liquidar o contrato de cheque especial.

Segundo o Instituto Brasileiro de Estudo e Defesa das Relações de Consumo (IBEDEC), caso a pessoa não consiga um acordo administrativo ou uma linha de financiamento para quitar a dívida, também poderá recorrer à Justiça para questionar o contrato de cheque especial, podendo conseguir uma boa redução do débito, revisando os juros pagos até dez anos antes da propositura da ação[5].

---

5. Caso queira conhecer uma cartilha com dicas importantes aos consumidores para se relacionar com os bancos e outras empresas, acesse o endereço: http://www.ibedec.org.br/

Ao se tratar do tema estratégias para a redução das despesas, pode surgir a seguinte dúvida: "Será que as despesas da minha casa são realmente altas e eu preciso mesmo adotar estratégias para reduzi-las?". Um bom modo de resolver tal dúvida é comparar os valores das despesas da sua família com as de outras famílias. Além de poder fazer tal comparação levantando tais valores com outras pessoas por meio de uma conversa, também se pode acessar o site do Instituto Brasileiro de Geografia e Estatística (IBGE) para conhecer a Pesquisa de Orçamentos Familiares (POF).

De acordo com o IBGE, a POF é uma pesquisa domiciliar por amostragem, que investiga informações sobre características de domicílios, famílias, moradores e principalmente seus respectivos orçamentos, isso é, suas despesas e recebimentos. A POF busca mensurar, a partir de amostras representativas de uma determinada população, a estrutura de gastos (despesas), os recebimentos (receitas) e as poupanças dessa população[6].

ORGANIZAÇÃO E DISCIPLINA

Segundo Afonso (2012), com boa vontade, disciplina e um pouco de organização o controle do orçamento familiar é algo muito fácil e que proporciona um resultado bastante satisfatório logo no primeiro mês de sua utilização.

Sant'Anna (2012) comenta que o melhor modo de manter as contas da família no azul é seguir um orçamento familiar. Essa tarefa, porém, não é simples: exige empenho, disciplina e, em muitos casos, cortes de despesas. "Existe uma receita que não falha: amarrar um barbante na escova de dentes e, na outra ponta, amarrar uma caderneta. Assim, todos os dias antes de dormir, você se lembrará

---
6. Caso queira conhecer os dados da última POF elaborada pelo IBGE, acesse o endereço: http://www.ibge.gov.br/home/estatistica/populacao/condicaodevida/pof/2008_2009/POFpublicacao.pdf

de anotar as despesas do dia", brinca o professor da Fundação Getúlio Vargas (FGV) Luís Carlos Ewald, autor do livro *Sobrou dinheiro!* Ewald afirma que é preciso força de vontade e muita disciplina para que a organização do orçamento familiar funcione. "Toda dieta é boa, desde que seja feita", alerta. Mas, apesar das dificuldades, o professor afirma que o esforço é compensador. "Não é fácil, mas quando dá certo, dá uma sensação de vitória."

Diante dos diversos argumentos citados, espero que esteja convencido que o orçamento é realmente uma excelente ferramenta para planejar a vida financeira de sua família. Porém, é bom deixar claro que nenhuma ferramenta exerce sua função se não for utilizada corretamente. Portanto, para que o orçamento seja realmente eficaz, é preciso que os membros da família façam sua parte, ou seja, é preciso que sejam organizados e disciplinados.

Mesmo que não seja uma pessoa muito organizada, financeiramente, acredito que os conceitos apresentados até o momento, em conjunto com o modelo de planilha orçamentária fornecido no *Capítulo 4*, serão muito úteis para organizar melhor sua vida financeira. Porém, há outro fator muito importante, que depende única e exclusivamente dos membros de sua família: a disciplina. Nunca se esqueça do conselho fornecido pelo professor Ewald: "É preciso força de vontade e muita disciplina para que a organização do orçamento familiar funcione."

> A palavra "disciplina" deriva de "discípulo" e ambas têm origem no termo latino para pupilo que, por sua vez, significa instruir, educar treinar, dando ideia de modelagem total de caráter. Assim, a palavra disciplina, além de significar, em sentido acadêmico, matéria, aula, cadeira ou cátedra, também é utilizada para indicar, em educação, a disposição dos alunos de seguir os ensinamentos e as regras de comportamento.

PLANEJAMENTO ESTRATÉGICO PESSOAL

Para as empresas, como é projetado para o período de um ano, o orçamento é considerado um instrumento de planejamento de curto prazo. Porém, segundo Carneiro e Matias (2010), devido ao aumento da concorrência, que se acentuou nas últimas décadas, ocasionado, entre outros motivos, pelo processo de globalização, as organizações não devem fazer somente um planejamento de curto prazo. Torna-se necessário também fazer um planejamento de longo prazo, mais conhecido como planejamento estratégico.

Lunkes (2009) comenta que o planejamento estratégico é definido para um período longo de tempo, normalmente de cinco ou mais anos, e deve abranger três principais pontos:

- avaliar o ambiente dentro do qual a organização operará (análise interna e externa);
- decidir para onde ela irá;
- desenvolver estratégias para alcançar os objetivos definidos. Sanvicente e Santos (1983) lembram que deve ser o planejamento de longo prazo (estratégico) que deve fornecer as premissas (orientações básicas) para se dar início ao planejamento de curto prazo (orçamento).

As etapas da análise interna e externa, que são elaboradas durante o processo de planejamento estratégico, segundo Carneiro (2012), também são conhecidas por análise SWOT. O termo SWOT é uma sigla oriunda do idioma inglês, que representa quatro palavras: *Strengths* (forças ou pontos fortes), *Weaknesses* (fraquezas ou pontos fracos), *Opportunities* (oportunidades) e *Threats* (ameaças).

Ao se apresentar tais considerações sobre a relação entre o orçamento empresarial e o planejamento estratégico, mais uma vez vem à tona a importância de a família gerir seus recursos financeiros de modo mais profissional, como se fosse uma empresa. Portanto, é importante que as famílias elaborem, além do orçamento, seu planejamento estratégico.

Segundo Santana (2012), o planejamento estratégico pessoal visa delinear um norte à vida do indivíduo, em que as metas devem ser estabelecidas e guiadas pelas crenças, expectativas e análise geral de cada pessoa, de tal modo que enriqueça o desenvolvimento e sucesso nos negócios e na vida pessoal.

Assim como nas empresas, a elaboração do planejamento estratégico pessoal requer um método composto por várias etapas, tais como: análise interna; análise externa; definição da missão, da visão, de objetivos e estratégias; a implementação da estratégia e o monitoramento e controle.

Depois de pronto, o planejamento estratégico pessoal ajudará a família a definir os tipos e os valores de suas despesas. Para que esse conceito fique mais claro, basta imaginar que uma pessoa, ao definir em seu planejamento estratégico o objetivo de buscar um aperfeiçoamento profissional, deverá destinar recursos em seu orçamento para arcar com despesas de treinamento ou com a mensalidade de um curso superior. Ao se observar tal exemplo, fica claro que, assim como nas empresas, deve ser o planejamento de longo prazo (estratégico pessoal) que deve fornecer as premissas para se dar início ao planejamento de curto prazo (orçamento familiar)[7].

---

7. Caso queira conhecer um modelo para elaborar seu planejamento estratégico pessoal, acesse o endereço: https://endeavor.org.br/desenvolvimento-pessoal/5-passos-para-criar-seu-planejamento-estrategico-pessoal/

Capítulo 6
FERRAMENTAS DE CONSUMO

Sempre que ocorre algum acidente violento no trânsito, em que houve algum tipo de imprudência do motorista, ouve-se dizer que os veículos são armas. Na verdade, os veículos são um meio de locomoção maravilhoso e, atualmente, é muito difícil imaginar nossas vidas sem eles. Porém, caso não sejam utilizados do modo correto, podem, efetivamente, tornar-se armas letais.

Esse mesmo raciocínio, de acordo com Carneiro e Matias (2010), pode ser utilizado para as principais "ferramentas de consumo" oferecidas pelas instituições financeiras: cheque especial, cartão de crédito, crédito direto ao consumidor (CDC) e crédito imobiliário. Caso se saiba como utilizá-las do modo correto, são ótimos meios para contornar déficits momentâneos nas finanças pessoais e também para adquirir bens que trazem mais conforto e segurança à vida das pessoas, tais como eletrodomésticos, eletroeletrônicos, automóveis e imóveis.

Porém, caso não se saiba como utilizá-las do modo correto, poderão gerar graves problemas financeiros, ou seja, poderão se transformar em armas que matarão a capacidade de consumo das pessoas. Além disso, a má utilização de tais ferramentas poderá gerar outros tipos de problemas, tais como: inclusão do nome das pessoas no cadastro de maus pagadores e apreensão de bens adquiridos por meio de financiamento. Para que isso não ocorra, serão apresentadas as principais características de tais ferramentas de consumo, além de dicas sobre como utilizá-las de modo correto.

No segmento de pessoas físicas, os exemplos mais tradicionais de crédito são os limites rotativos (cheque especial e cartão de crédito), o crédito direto ao consumidor e o crédito imobiliário. Segundo Santos (2003), essas modalidades de crédito são direcionadas ao atendimento de necessidades temporárias ou eventuais dos clientes, como as decorrentes de gastos básicos (moradia, alimentação, saúde, educação e combustíveis) e gastos com a aquisição de bens (veículos, móveis e imóveis).

CHEQUE ESPECIAL

Trata-se da modalidade de crédito rotativo para atender às necessidades eventuais ou temporárias dos clientes. A aprovação dessa modalidade de crédito, que é oferecida pelos bancos comerciais, somente se efetiva após a prévia avaliação de risco do cliente, baseada na qualidade de suas informações financeiras, patrimoniais e de idoneidade no mercado de crédito. Os bancos aprovam limites de cheque especial em valores compatíveis com a renda líquida mensal comprovada dos clientes.

As taxas do cheque especial são prefixadas e definidas mensalmente, variando de acordo com o cliente. Quanto maior o risco observado pelo banco, maior será a taxa. A garantia usual em contratos de cheque especial se baseia na vinculação de uma nota promissória avalizada, com valor superior ao valor do crédito aprovado. É condicionante que as notas promissórias sejam substituídas, toda vez que ocorrer alteração no valor do limite do cheque especial, para que tal limite não fique defasado.

O banco cobra uma taxa de juros mais alta no cheque especial em relação a um empréstimo comum, pois, mesmo que os clientes não utilizem seus limites, o banco passa a ter responsabilidade de disponibilizar-lhes os recursos financeiros, assumindo riscos de liquidez e de captação no mercado de crédito. Além disso, para o banco, tal produto é difícil de ser gerenciado, visto que o cliente não avisa quando irá utilizá-lo e também, quando o utiliza, não avisa como efetuará o pagamento, ou seja, quando depositará recursos na conta corrente para amortizar a utilização do valor que está sendo utilizado do seu limite de cheque especial. Com relação a esse tema, leia o artigo: *Cheque especial = Juros espaciais*.

Segundo Carneiro e Matias (2010), ao se observar a definição e as características do cheque especial, as pessoas devem ficar atentas a dois pontos principais:

1. trata-se de um produto de crédito para atender somente às necessidades eventuais ou temporárias. O cheque especial só deve ser utilizado pelas pessoas quando ocorrerem necessidades eventuais ou temporárias, tais como: compra de remédios devido a uma doença inesperada, manutenção corretiva do automóvel etc. As despesas do dia a dia, que são previsíveis, devem ser programadas no orçamento familiar, levando-se em consideração que seus valores não devem ser superiores ao valor da receita da família. Não se deve utilizar o cheque especial, a não ser que ocorram despesas inesperadas. Como as pessoas vivem em uma sociedade altamente consumista, devem ficar atentas às compras

CHEQUE ESPECIAL = JUROS ESPACIAIS

Muitas pessoas encaram o orçamento familiar como algo complexo de se elaborar. Na verdade, sua elaboração é relativamente simples, o difícil é ter comprometimento para conseguir colocá-lo em prática. Para elaborar um orçamento familiar, o primeiro passo é projetar as receitas e os gastos para o mês seguinte.

Para projetar as receitas, basta somar os salários e os outros tipos de renda de todos os membros da família. A parte mais complexa reside na projeção dos gastos, pois a grande maioria das pessoas não anota seus gastos mensais. Sugere-se que, durante uns três meses, a família anote tudo o que gasta, pois, assim, passará a conhecer os valores desembolsados, permitindo que seja elaborada uma projeção mais realista dos gastos.

Uma regra básica e muito importante do orçamento é que não se pode gastar mais do que se ganha; portanto, a família deve adequar seus gastos às suas receitas. Obviamente, surgirão gastos inesperados, que são difíceis de serem projetados, como a compra de remédios por motivo de doença ou a quebra de algum eletrodoméstico. Sugere-se que 5% da receita seja reservada para tais gastos. Caso não ocorram, o valor reservado para cobri-los deve ser depositado em uma aplicação bancária, pois, mais cedo ou mais tarde, eles surgirão.

Infelizmente, a grande maioria das pessoas não elabora e muito menos segue um orçamento. Para tais pessoas, a solução para o descontrole na relação receitas *versus* gastos é utilizar o cheque especial, que possui "juros espaciais". Quando a pessoa tem um total descontrole sobre seus gastos, o problema vai mais além, pois ela passa a consumir bens supérfluos utilizando o cheque especial.

O resultado da utilização inadequada do cheque especial é o agravamento do problema, pois os bancos cobram juros extorsivos nesse tipo de empréstimo, portanto, os gastos da pessoa aumentam ainda mais. Relacione-se com seu cheque especial seguindo três regras:

- nunca o utilize;
- caso seja imprescindível, utilize-o somente em situações de extrema emergência;
- após utilizá-lo, sinta-se desesperado com o valor dos juros que irá pagar e cubra o saldo devedor o mais rápido possível.

Fonte: http://www.revide.com.br/blog/murilo/post/cheque-especial-juros-espacial/

que fazem por impulso, ou seja, compras que não estavam programadas no orçamento. Graças ao cheque especial, caso não se projete devidamente as despesas, pode-se gastar mais do que se ganha, levando, assim, à utilização do limite de cheque especial;

2. as taxa de juros cobradas são muito altas. Mesmo que os clientes não utilizem seus limites de cheque especial, os bancos passam a ter responsabilidade de disponibilizar-lhes os recursos financeiros, assumindo riscos de liquidez e de captação no mercado de crédito. Portanto, cobram taxas de juros altas em tal produto, chegando, dependendo do banco e das características da ficha cadastral do cliente, a quase dois dígitos mensais (10% ao mês).

Como modo de evitar a utilização de um produto tão caro, as pessoas devem ficar atentas ao conferir seu saldo bancário, pois, normalmente, os bancos divulgam aos seus clientes o valor do "saldo disponível", em que se inclui o valor do limite de cheque especial. Ao fazer isso, o banco induz o cliente a utilizá-lo, pois ele pode interpretar que o saldo disponível é o valor que possui efetivamente na conta corrente. Preste muita atenção, pois quando o banco diz que o saldo disponível é de R$ 1.200,00, normalmente, está querendo dizer que o saldo efetivo é de R$ 200,00 e o limite de cheque especial é de R$ 1.000,00. Portanto, só deve ser gasto o valor do saldo efetivo, ou seja, R$ 200,00.

CARTÃO DE CRÉDITO

Trata-se da modalidade de crédito que permite aos clientes à realização de saques e compras de bens e serviços, até o limite de crédito concedido. É oferecido por empresas do mercado financeiro conhecidas por Administradoras de Cartão de Crédito. No Brasil, assim como em vários outros países do mundo, as empresas mais conhecidas que atuam nesse segmento são a Visa e a Mastercard.

De posse de um cartão de crédito, o cliente poderá efetuar gastos em estabelecimentos comerciais cadastrados, com o benefício do pagamento futuro. O pagamento da fatura, que engloba todas as compras que foram efetuadas em um determinado período, é sempre feito em data de vencimento previamente escolhida pelo cliente. Quando o cliente não paga o valor total da fatura mensal, as taxas de juros cobradas são prefixadas e definidas mensalmente, variando conforme a situação atual e perspectivas de risco apresentadas pelo cliente.

Segundo Carneiro e Matias (2010), ao se observar a definição e as características do cartão de crédito, as pessoas devem ficar atentas a dois pontos principais:

1. Utilize com sabedoria o benefício do pagamento futuro. Quando se faz uma compra utilizando o cartão de crédito, obtêm-se a vantagem da protelação do pagamento, ou seja, ele somente será feito após um determinado prazo. Caso a compra seja feita próxima à data do vencimento da fatura do cartão, o prazo de pagamento pode ser de até 35 dias, pois o valor da compra só será contabilizado na fatura subsequente. Isso ocorre devido ao fato de a administradora do cartão fazer o fechamento da fatura, em média, cinco dias antes do seu vencimento. Do contrário, não haveria tempo suficiente para que ela chegasse ao cliente por meio do correio. A utilização do cartão também propicia ao cliente uma organização melhor de suas despesas. Isso ocorre devido

ao fato da fatura mensal discriminar os locais em que as despesas foram efetuadas, assim como seus respectivos valores. Caso a pessoa concentre o pagamento de suas despesas por meio do cartão, ao observar a fatura, poderá verificar quanto está gastando mensalmente em alguns itens, tais como: farmácia, supermercado, lojas de roupas e calçados, postos de combustíveis etc. Esses dados podem ser utilizados para preencher a coluna valores realizados da planilha de orçamento familiar (Tabela 4.1). Para que o cartão de crédito não se torne vilão das finanças pessoais, deve-se evitar utilizá-lo para fazer compras por impulso, ou seja, compras que não estavam previstas no orçamento familiar. Devido ao fato das despesas somente serem pagas no futuro, as pessoas podem comprar sem ter dinheiro em espécie. Portanto, caso a compra não esteja programada no orçamento familiar, elas poderão acabar gastando um valor superior à sua renda. Caso isso ocorra, não será possível pagar o valor integral da fatura.

2. Cuidado com as exorbitantes taxas de juros sobre o saldo devedor. Quando o cliente não consegue pagar o valor integral da fatura, o saldo remanescente será cobrado na fatura do mês seguinte, acrescido de uma taxa de juros. O grande problema disso são as taxas de juros cobradas pelas administradoras de cartão, normalmente, superiores a dois dígitos (mais de 10% ao mês). Para que isso não ocorra, deve-se sempre pagar o valor integral da fatura. Ao se observar uma fatura de cartão de crédito, pode-se identificar um campo chamado de pagamento mínimo, ou seja, o cliente não poderá pagar um valor inferior ao que está mencionado. Apesar disso, a administradora do cartão permite que seja pago

qualquer valor entre o valor do pagamento mínimo e o valor total da fatura. Porém, não se pode esquecer que sobre o valor não pago será cobrada uma taxa de juros superior a dois dígitos. Diante dessa constatação, a pessoa não pode se deixar levar pela facilidade de pagar somente o valor do pagamento mínimo. Caso ela não esteja conseguindo pagar o valor total da fatura, deve reduzir as despesas efetuadas por meio do cartão de crédito.

CRÉDITO DIRETO AO CONSUMIDOR (CDC)

O CDC é um produto oferecido pelas Financeiras, que normalmente fazem parte de um conglomerado financeiro (exemplo: Bradesco Financeira). Ele é destinado a financiar a prestação de serviços e aquisição de bens duráveis com amortizações mensais fixas, já com os encargos envolvidos. Os bens duráveis financiados podem ser novos ou usados. Os exemplos mais importantes desse financiamento são os destinados à aquisição de veículos e bens eletrodomésticos.

Vivemos em uma sociedade capitalista e, por meio de diversos canais de divulgação: televisão, rádio, revistas, *outdoors* etc., as pessoas são diariamente bombardeadas por propagandas anunciando novos produtos. Para complicar ainda mais a situação, atualmente, as mudanças tecnológicas ocorrem em uma velocidade inacreditável, portanto, um lançamento feito hoje se tornará obsoleto em pouco tempo.

Diante de tais constatações, as pessoas devem repensar sua sede de consumo, pois, caso desejem sempre acompanhar as mudanças tecnológicas, quando terminarem de pagar um financiamento, precisarão fazer outro na sequência. Na verdade, essa é a realidade enfrentada pela imensa maioria das famílias.

Não se pode ser hipócrita em afirmar que a aquisição de um bem, mesmo que seja por meio de um financiamento, não gerará prazer. Porém, é importante que isso seja feito racionalmente, sem comprometer o orçamento familiar, principalmente ao se adquirir um automóvel, que possui um preço relativamente alto.

> Foi-se o tempo em que automóvel era investimento. Hoje, representa conforto, rapidez e *status*, mas é um gasto. Segundo Cherobim e Espejo (2010), somente os profissionais do ramo devem considerá-lo um investimento, porque é o seu negócio. Para os demais, é um bem de consumo, que gasta muito e que poderá comprometer o orçamento familiar.

Voltando ao produto CDC, é importante ressaltar que o próprio bem, objeto do financiamento (exemplos: carros, máquinas e equipamentos), em casos de inadimplência do cliente, representará a garantia para a Financeira. Segundo Carneiro e Matias (2010), em relação ao crédito direto ao consumidor, as pessoas devem ficar atentas a dois pontos principais:

1. Não se deixe enganar pelas propagandas "semienganosas". Quando uma empresa vende seus produtos a prazo, passa a ter algumas despesas que não existiriam caso vendesse somente à vista. Dentre tais despesas, Assaf Neto (2003) destaca:
   • despesas de crédito: envolvem os gastos com a manutenção de uma área de crédito, tais como: pessoal (salário, encargos e benefícios), material de escritório, serviços de informação contratados (Serasa e SPC) etc.;
   • despesas de cobrança: envolvem os gastos com a manutenção de uma área de cobrança, tais como: pessoal (salário, encargos e benefícios), material de escritório, ações judiciais etc.;

- insolvência de clientes: perdas referentes a clientes que não pagaram sua dívida.

Obviamente, as empresas que vendem a prazo possuem despesas maiores que aquelas que só vendem à vista. Portanto, tais despesas devem ser repassadas ao preço do produto. O modo de se repassar tais despesas ao preço é a utilização de uma taxa de juros para as vendas a prazo.

Diante de tal constatação, pode-se concluir que, tecnicamente, é inviável uma empresa efetuar suas vendas a prazo sem cobrar uma taxa de juros. Portanto, as pessoas devem ficar atentas às propagandas que poderiam ser classificadas como "semi-enganosas". Exemplo: preço à vista de R$ 500,00 ou cinco parcelas de R$ 100,00 (sem juros).

Ao analisar o exemplo, não se pode dizer que a empresa está anunciando uma mentira, pois, caso as cinco parcelas sejam somadas, será obtido o valor de R$ 500,00, que é o mesmo valor do preço à vista. Portanto, a propaganda não é enganosa, pois, aparentemente, não estão sendo cobrados juros.

Nesse caso, a enganação está no superfaturamento do preço à vista, ou seja, caso se procure o produto anunciado em outra loja, possivelmente será encontrado um valor à vista mais barato; portanto, a empresa está anunciando um produto cujo preço está superfaturado. Caso o produto seja comprado em cinco parcelas de R$ 100,00 e, posteriormente, seja encontrado em um concorrente pelo preço de R$ 470,00, na verdade, o cliente teria pago uma taxa de juros embutida de 2,10% ao mês.

2. Poupar dinheiro para comprar à vista é muito melhor. No item anterior, pôde-se constatar que é melhor comprar à vis-

ta, pois a compra pode ser efetuada sem o pagamento de juros. Além disso, normalmente, haverá alguma empresa que, por enfrentar problemas em seu fluxo de caixa e precisar de dinheiro, oferecerá algum desconto caso o pagamento seja feito à vista. Portanto, seria ideal que as pessoas protelassem suas compras e depositassem o valor que pagariam referente à parcela mensal do financiamento em uma aplicação financeira.

Para a maioria, essa estratégia pode parecer utopia, pois as pessoas vivem em uma sociedade consumista e imediatista. Porém, para aqueles que conseguem primeiro poupar para depois consumir, os problemas financeiros se tornam menores. Além disso, tais felizardos conseguirão uma quantidade maior de bens no médio e longo prazo. Isso ocorre devido ao fato de tais pessoas, em vez de pagarem, receberem juros dos bancos.

Caso ainda não esteja convencido, imagine que queira trocar sua geladeira. Ao entrar em uma loja, constatou que o preço à vista do seu sonho de consumo é de R$ 2.000,00. Como não tem o dinheiro para efetuar o pagamento à vista, resolveu financiar a compra em 18 parcelas mensais de R$ 145,42 (taxa de juros de 3% ao mês). Vale ressaltar que, na prática, o valor da parcela seria um pouco maior, pois também seria considerado o valor do Imposto sobre Operações Financeiras (IOF).

Suponha que protelasse a compra do seu sonho de consumo por um ano e meio, adotando a estratégia de poupar para depois consumir. Durante os próximos 18 meses, em vez de pagar a parcela de R$ 145,42, assumiria um compromisso consigo mesmo de depositar mensalmente tal valor em uma aplicação financeira. Após 18 meses, considerando uma taxa de juros de 0,60% ao mês, seu saldo seria de R$ 2.755,43. Felizmente, como estamos vivendo em uma economia com taxas de inflação não tão altas, após 18 meses, há grandes chances de a geladeira estar custando o mesmo preço. Portanto, ela seria adquirida à vista, sobrando ainda R$ 755,43, que poderia ser utilizado para adquirir algum outro produto[8].

CRÉDITO IMOBILIÁRIO

Trata-se de financiamento destinado à aquisição ou construção de imóveis residenciais, amortizáveis em prestações mensais, em períodos usualmente superiores há cinco anos. Para essa modalidade, há necessidade de avalistas co-obrigados e com potencialidades econômicas para assumir a dívida do cliente em caso de incapacidade de pagamento. O imóvel objeto do financiamento, além do aval, constitui-se na garantia acessória para minimizar o risco.

No Brasil, a Caixa Econômica Federal (CEF) é a instituição financeira mais tradicional na concessão de créditos imobiliários. Isso ocorre devido ao fato de as caixas econômicas serem instituições públicas cujo principal objetivo é conceder financiamentos para programas e projetos que contribuam com o desenvolvimento da sociedade.

No caso da CEF, os recursos financeiros para serem disponibilizados aos clientes por meio de crédito imobiliário são mais abundantes que em outras instituições financeiras, porque ela possui recursos oriundos das contas do Fundo de Garantia por Tempo de Serviço (FGTS).

---
8. Com relação ao impacto do IOF sobre os financiamentos, leia um artigo esclarecedor que trata desse tema, disponível no endereço: http://minhaseconomias.com.br/blog/educacao-financeira/como-calcular-o-iof-de-um-financiamento-de-veiculo

Segundo Carneiro e Matias (2010), em relação ao crédito imobiliário, as pessoas devem ficar atentas a dois pontos principais:

1. Valor das parcelas mensais do financiamento. Normalmente, as instituições financeiras que concedem crédito imobiliário, após elaborarem o processo de análise de crédito do cliente, não deixam que o valor da parcela mensal ultrapasse 30% do valor da renda familiar. Essa preocupação também deve ser das pessoas que fazem o financiamento, pois, durante o longo período no qual terão que arcar com as parcelas, as outras despesas familiares poderão aumentar mais que os reajustes salariais. Esse fato poderá chegar ao extremo de inviabilizar o pagamento das parcelas do imóvel. Para amenizar tal problema, é conveniente ressaltar que, atualmente, as operações de crédito imobiliário tem sido calculadas por meio do Sistema de Amortização Constante (SAC), em que as parcelas são decrescentes, ou seja, ao longo do tempo, os valores vão ficando menores.

    Para minimizar o risco de não conseguir arcar com o valor da parcela, as pessoas não devem, na medida do possível, assumir um valor muito alto de parcela. Desse modo, pode-se, inclusive, pagar mais de uma parcela mensalmente, fazendo com que o tempo de financiamento e, consequentemente, o valor dos juros pagos seja reduzido. Logicamente, para que o valor da parcela não seja muito alto, as pessoas devem procurar um imóvel cujo valor se enquadre em sua capacidade de pagamento, sendo, comparativamente à sua realidade social, o mais baixo possível. Desse modo, são reduzidas as chances de o sonho da casa própria se transformar em um pesadelo.

2. Imóvel é realmente um bom investimento. Como qualquer tipo de investimento, a aquisição de um imóvel apresenta vantagens e desvantagens, principalmente, quando é feito por meio de um crédito imobiliário. Portanto, antes de adquiri-lo, analise-as com muita calma.

Como principais vantagens, podem-se destacar:

- o imóvel pode, com o passar do tempo, valorizar-se;
- ao possuir um imóvel os sentimentos pessoais de segurança e de realização aumentam muito;
- é um modo de reserva de valor, pois não pode ser confiscado por meio de algum tipo de plano econômico (lembram-se do Plano Collor?);
- em geral, é melhor destinar recursos mensais ao pagamento de um financiamento habitacional que ao pagamento de um aluguel.

> **Plano Collor:** nome dado ao conjunto de medidas econômicas que visavam à estabilização da inflação. Instituído em 16 de março de 1990, pelo Presidente Fernando Collor de Mello, teve como medida mais polêmica o bloqueio de contas correntes e poupanças, que começaram a ser devolvidas após seis meses, em 18 parcelas mensais corrigidas por uma taxa de 8% ao ano + Taxa Referencial (TR).

Como principais desvantagens, podem-se destacar:

- o imóvel pode, com o passar do tempo, desvalorizar-se;
- é um investimento com baixa liquidez, ou seja, normalmente não é muito fácil transformá-lo em dinheiro novamente (vendê-lo);

- pode ser confiscado pela instituição financeira, pois é garantia do financiamento que foi feito para adquiri-lo;
- tende a gerar aumento nos gastos com manutenção preventiva (reformas e ampliações), pois, normalmente, as pessoas que moram em imóveis alugados só gastam com manutenção corretiva (consertos e substituições de itens).

Capítulo 7
INVESTIMENTOS VIA INSTITUIÇÕES FINANCEIRAS BANCÁRIAS

Conforme apresentado no *Capítulo 5*, os investimentos somente serão possíveis se a família obtiver um superávit financeiro, ou seja, suas receitas forem maiores que suas despesas. Partindo do princípio que tal objetivo será alcançado, a família passa a ter um dilema: onde investir seu dinheiro?

Pode-se dizer que todos, tanto pessoas físicas quanto pessoas jurídicas, possuem problemas com dinheiro: uns pela falta e outros pelo excesso. Logicamente, administrar o excesso de dinheiro é muito melhor que administrar a falta. Porém, não saber onde investir o dinheiro excedente não deixa de ser um problema.

Quando a pessoa tem um problema e não sabe como resolvê-lo, deve procurar ajuda. Apesar disso, é importante que tenha consciência de que ela mesma deverá resolvê-lo e não a pessoa que está se propondo a ajudá-la. Diante dessa constatação, o objetivo dos *Capítulos 7 e 8* é apresentar algumas das opções que as famílias possuem para investir seus recursos financeiros excedentes, tanto via Instituições Financeiras Bancárias, quanto via Mercado de Capitais (ações). Vale ressaltar que, no *Capítulo 6*, já foram feitas considerações sobre os investimentos em imóveis.

Em nenhum momento será afirmado que uma opção é melhor que outra, pois se deve ter em mente que não há investimentos melhores que outros, pois cada um deles possui características diferentes em relação à rentabilidade, risco e liquidez. A rentabilidade está relacionada ao rendimento projetado, o risco à probabilidade de tal rendimento não ocorrer e a liquidez à possibilidade de transformar o investimento novamente em dinheiro (exemplo: venda de um imóvel). As pessoas devem analisar as características de cada investimento e optar por aquele(s) que melhor se enquadra(m) em seu perfil[9].

POUPANÇA E CERTIFICADO DE DEPÓSITO BANCÁRIO

A caderneta de poupança é o mais antigo modo de aplicação oficial do Brasil, tendo seu surgimento ainda no século XIX. Naquela época, os registros dos valores das aplicações, dos resgates e dos juros eram feitos em uma caderneta de papel, que ficava sob a guarda do investidor. No final do século XX, quando as instituições financeiras bancárias passaram a utilizar sistemas de informação computadorizados, as cadernetas foram deixadas de lado e tal investimento passou a ser conhecido simplesmente como poupança.

Devido à sua longevidade e tradição, a poupança se tornou o tipo de investimento mais conhecido pelos brasileiros, principalmente, por aqueles que possuem menor poder aquisitivo e poucas informações sobre o funcionamento do mercado financeiro.

Comparativamente a outros tipos de investimentos financeiros, a poupança é o que, normalmente, oferece a menor rentabilidade. Além disso, apresenta o inconveniente dos rendimentos somente serem efetivados na data de aniversário da conta, ou seja, caso a aplicação tenha sido feita no dia 02/01, os juros somente serão creditados no dia 02/02. Caso o investidor resgate o valor aplicado no

---

9. Quer conhecer seu perfil como investidor? Você é arrojado, moderado ou conservador? Acesse o endereço e faça o teste: https://www.bussoladoinvestidor.com.br/teste-perfil-de--investidor/

dia 01/02 (um dia antes da data de aniversário), não terá direito a nenhum tipo de rendimento proporcional. Caso o resgate seja feito no dia 12/02, perderá dez dias de rendimento, pois ainda faltariam 20 dias para a próxima data de aniversário (02/03).

Por outro lado, a poupança oferece como vantagem a isenção da cobrança de imposto de renda (IR) sobre os rendimentos obtidos. Porém, mesmo com tal isenção, seu rendimento é inferior a imensa maioria dos rendimentos líquidos (rendimento bruto – IR) oferecidos por outros investimentos financeiros de renda fixa, tais como fundos e CDB.

Outra vantagem da poupança é o fato de ela ser garantida pelo Fundo Garantidor de Crédito (FGC). No caso de surgirem problemas com a instituição financeira bancária onde o dinheiro está aplicado, o FGC indenizará o investidor. Em maio de 2018, segundo o Banco Central, o valor máximo da indenização, por instituição financeira, é de R$ 250.000,00 por depositante ou aplicador, independentemente do valor total e da distribuição em diferentes formas de depósito e aplicação. Porém, vale ressaltar que o total dos créditos de cada investidor contra o conjunto de todas as instituições associadas será garantido até o valor de R$ 1.000.000,00.

> O FGC foi constituído pelas instituições participantes do Sistema Financeiro Nacional. Seu objetivo é oferecer maior garantia aos agentes de mercado com recursos depositados/aplicados na eventualidade da instituição sofrer intervenção, liquidação extrajudicial ou falência. O FGC garante depósitos à vista (dinheiro parado na conta corrente), depósitos a prazo (CDBs) e contas de poupança. É importante ressaltar que os fundos de investimento não são garantidos. Segundo Assaf Neto (2005), o FGC é mantido por meio da cobrança de 0,025% sobre o montante dos saldos das contas enquadradas na garantia.

Independentemente da instituição financeira bancária onde a poupança seja feita, o rendimento será sempre o mesmo. Durante muitos anos, a remuneração foi de 0,5% ao mês mais a variação da taxa referencial (TR). Porém, é importante ressaltar que a partir do dia 04 de maio de 2012, para os novos depósitos, caso a taxa Selic fique igual ou abaixo de 8,5% ao ano, a poupança pagará 70% dessa taxa + TR. Caso a taxa Selic fique acima de 8,5% ao ano, a remuneração continuará sendo de 0,5% ao mês + TR.

Apesar da baixa rentabilidade oferecida pela poupança, é importante destacar o importante papel que exerce na política habitacional brasileira, pois as instituições financeiras bancárias, de acordo com a legislação em vigor, são obrigadas a destinar 65% do montante captado nas aplicações em poupança para a liberação de financiamentos habitacionais. É por esse motivo que a Caixa Econômica Federal, parceira do Governo Federal na implantação das políticas habitacionais oficiais, é a maior incentivadora de tal modalidade de investimento.

Uma opção bem mais rentável que a poupança são os CDBs e RDBs, também conhecidos como depósitos a prazo. Eles são títulos de crédito emitidos pelas instituições financeiras bancárias, destinados a lastrear operações de financiamento de capital de giro, ou seja, por meio da emissão dos CDBs e RDBs, as instituições financeiras bancárias conseguem obter dinheiro para emprestar aos seus clientes que estão enfrentando problemas em seu fluxo de caixa. A diferença entre a taxa de juros paga nos CDBs e RDBs e a taxa cobrada nos financiamentos de capital de giro é conhecida pelo nome de *spread*.

> *Spread* bancário: trata-se da diferença, expressa por meio de uma taxa de juros, entre o custo do dinheiro para o banco (taxa que ele paga para os clientes que investem em aplicações financeiras) e o preço que ele cobra nas operações de crédito (taxa que os clientes pagam quando fazem empréstimos ou financiamentos). Se o banco paga uma taxa de 8% ao ano a um cliente que faz um CDB e empresta esse dinheiro por 28% ao ano, a diferença é o *spread*.

O Certificado de Depósito Bancário (CDB) e o Recibo de Depósito Bancário (RDB) são diferentes pelo fato de o CDB poder ser endossado, ou seja, poder ser transferido a outra pessoa. O RDB é um título intransferível. Na prática, como as pessoas não têm mais a custódia física, ou seja, a posse do CDB ou RDB, essa diferença se tornou irrelevante, portanto, atualmente, as instituições financeiras bancárias costumam utilizar somente a nomenclatura CDB.

No passado, quando os sistemas de informação computadorizados não eram utilizados, o cliente levava o CDB efetivamente para casa, ou seja, levava um papel onde estava discriminado o valor, o prazo de vencimento e a taxa de juros do investimento. No vencimento, o CDB era levado à instituição financeira bancária para que o cliente pudesse receber de volta o valor investido mais os juros a que tinha direito.

A remuneração paga pelas instituições financeiras bancárias para quem aplica em CDBs pode ser prefixada ou pós-fixada. No caso dos CDBs prefixados, o investidor fica sabendo, no ato da aplicação, o valor total dos juros que receberá (exemplo: rendimento de 0,85% ao mês). Nos CDBs pós-fixados, a rentabilidade pode ser atrelada a uma taxa fixa mais a variação de algum tipo de índice (exemplo: 0,55% ao mês +TR) ou simplesmente ao percentual de um índice (exemplo: 95% do CDI).

Atualmente, muitas instituições financeiras bancárias estão remunerando seus CDBs por meio de um percentual da taxa dos Certificados de Depósitos Interfinanceiros (CDIs), ou Interbancários, como também são conhecidos. O CDI possui as mesmas características de um CDB, porém, não pode ser vendido para outros investidores, e serve para formalizar os empréstimos que são feitos entre as instituições financeiras bancárias.

Antes de uma pessoa decidir investir seus recursos em um CDB, é necessário que analise dois aspectos. O primeiro aspecto está relacionado ao fato dos rendimentos oferecidos pelas instituições financeiras bancárias serem diferentes, portanto, é imprescindível fazer cotações antes de fechar o negócio.

O segundo aspecto diz respeito aos rendimentos obtidos nos CDBs receberem a tributação do Imposto de Renda (IR) e também poderem receber a do Imposto sobre Operações Financeiras (IOF). A partir de janeiro de 2005, no resgate ou no vencimento da aplicação, passou a ser cobrado imposto de renda, sobre os rendimentos, de acordo com o prazo de permanência da aplicação no CDB (Tabela 7.1).

Tabela 7.1. Alíquotas de IR para os rendimentos dos CDBs	
Prazo de permanência	Alíquotas regressivas
Até 180 dias	22,5%
De 181 a 360 dias	20,0%
De 361 a 720 dias	17,5%
Acima de 720 dias	15,0%

Se a pessoa quiser, poderá resgatar o valor investido no CDB antes do vencimento, de modo parcial ou total, recebendo um rendimento proporcional à quantidade de dias que o valor ficou investido. Porém, caso isso seja feito antes da aplicação completar trinta dias, haverá a cobrança de IOF sobre o rendimento (Tabela 7.2). Depois de 30 dias, o CDB fica isento do IOF.

Tabela 7.2. Alíquotas de IOF para os rendimentos dos CDBs

Dias	IOF	Dias	IOF	Dias	IOF
1º	96%	2º	93%	3º	90%
4º	86%	5º	83%	6º	80%
7º	76%	8º	73%	9º	70%
10º	66%	11º	63%	12º	60%
13º	56%	14º	53%	15º	50%
16º	46%	17º	43%	18º	40%
19º	36%	20º	33%	21º	30%
22º	26%	23º	23%	24º	20%
25º	16%	26º	13%	27º	10%
28º	6%	29º	3%	30º	0%

FUNDOS DE INVESTIMENTO

Pode-se dizer que um fundo de investimento não é um modo individual de se investir, pois, ao ingressar em um fundo, o indivíduo passa a fazer parte de um grupo de pessoas que investem seus recursos em conjunto. Para Assaf Neto (2005), fundo de investimento é um conjunto de recursos monetários, formado por depósitos de grande número de investidores, que se destinam à aplicação coletiva em carteira de títulos e valores mobiliários.

A Instrução da Comissão de Valores Mobiliários (CVM) nº 409, que dispõe sobre a constituição, a administração, o funcionamento e a divulgação de informações dos fundos de investimento, conceitua-os como uma comunhão de recursos constituída sob o modo de condomínio, destinado à aplicação em títulos e valores mobiliários, bem como em quaisquer outros ativos disponíveis no mercado financeiro e de capitais.

> A CVM é uma autarquia federal gerida por um presidente e quatro diretores, todos nomeados pelo Presidente da República. Ela é ligada ao Ministério da Fazenda e possui como principal atribuição a normatização (definição de normas) e controle do funcionamento de uma das subdivisões do mercado financeiro, o mercado de capitais (local onde são negociados os valores mobiliários: ações, debêntures e *commercial papers*). No Capítulo 8, são apresentadas as outras subdivisões do mercado financeiro.

Um fundo de investimento é composto, basicamente, por duas figuras: os cotistas e o administrador. Os cotistas delegam à gestão dos seus recursos financeiros ao administrador. O administrador decidirá onde os recursos serão investidos e os gerenciará, podendo contratar prestadores de serviços para auxiliá-lo, como corretoras e auditorias. No Brasil, segundo Carneiro e Pimenta Júnior (2007), a grande maioria dos fundos de investimento é administrada por instituições financeiras bancárias, pois a capilaridade de suas redes de agências permite a captação de recursos financeiros dos clientes.

Periodicamente, o administrador deverá prestar contas aos cotistas e as principais decisões em relação ao fundo de investimento devem ser tomadas por eles mesmos, por meio de uma Assembleia Geral de Cotistas. Silva Neto (2003) afirmou que um fundo de investimento é quase como se fosse uma empresa independente, em que seus donos são os cotistas. Essa empresa possui CNPJ específico e, como qualquer outra, faz sua contabilidade, paga impostos e possui um estatuto, em que são apresentadas todas as características do fundo.

É importante ressaltar que um fundo de investimento só pode ser constituído com a aprovação da CVM, que também é responsável por verificar se o estatuto está sendo cumprido e pela veracidade das informações que são divulgadas aos cotistas. Esse acompanhamento tem o objetivo de salvaguardar os investidores de pequeno porte, que compõem a imensa maioria dos cotistas de um fundo de investimento.

Como se pode observar, há uma relação de prestação de serviços entre o administrador e os cotistas de um fundo de investimento. A cobrança de tal serviço é feita por intermédio de um encargo chamado de taxa de administração, que está definido no estatuto e é cobrado por meio de uma taxa percentual ao ano sobre o valor total que está sendo administrado (patrimônio do fundo). Segundo Brito (2005), o intervalo da taxa geralmente varia entre 5% ao ano (pessoas físicas) e 0,3% ao ano (clientes institucionais).

O funcionamento de um fundo de investimento é outro aspecto que merece ser abordado. Primeiramente, é importante explicar porque o investidor que entra em um fundo é chamado de cotista. Suponha que, em um determinado dia, exista um fundo que possua um patrimônio total de R$ 1.000.000,00 investido em ações de uma Sociedade Anônima, divididos em 100 mil cotas. Nesse dia, a cota desse fundo vale R$ 10,00. Caso um investidor queira ingressar nesse fundo, aplicando R$ 10.000,00, adquirirá mil cotas. No final do dia, considerando tudo mais constante, o fundo passa a ter um patrimônio de R$ 1.010.000,00, divididos em 101 mil cotas. Suponha também que o administrador utilizou os R$ 10.000,00 para comprar mais ações da mesma Sociedade Anônima.

Caso as ações se valorizem no dia seguinte e o patrimônio total do fundo passe a ser de R$ 1.115.000,00, agora dividido em 101 mil cotas, a cota passa a valer R$ 11,04. Como o investidor possui 1.000 cotas, o saldo de seu investimento será de R$ 11.040,00. Obviamente, esse será seu ganho bruto, pois, na prática, deve-se descontar a taxa de administração cobrada pelo administrador e os impostos cobrados pelo Governo.

Quando a pessoa ingressa em um fundo de investimento, deve estar atenta aos impostos que incidem nessa modalidade de investimento. Porém, não precisa se preocupar com a parte operacional do pagamento, pois todos os impostos são calculados e pagos pelo administrador do fundo.

De acordo com Assaf Neto (2005), os fundos de investimento podem ser classificados em dois grandes grupos: renda fixa e renda variável. Os de renda fixa são constituídos por investimentos em ativos de renda fixa, como, por exemplo, títulos do governo. Os de renda variável mesclam, em sua carteira, ações de Sociedades Anônimas de capital aberto (no mínimo 5% de seu patrimônio) e também outros tipos de ativos, como, por exemplo, os derivativos. Vale ressaltar que os derivativos são negociados na Bolsa de Mercadorias e Futuros (BM&F).

A Associação Nacional dos Bancos de Investimento (ANBID), baseando-se na Instrução nº 409/2004 da CVM, apresenta uma classificação muito mais detalhada dos fundos de investimentos, dividindo-os em sete grandes grupos: Fundos de Curto Prazo, Fundos Referenciados, Fundos de Renda Fixa, Fundos Cambiais, Fundos Multimercados, Fundos de Dívida Externa e Fundos de Ações.

Conforme se pode observar, existem inúmeros tipos de fundos. Portanto, antes de optar por essa modalidade de investimento, é importante que conheça as características de rentabilidade, risco e liquidez de cada um deles. A pessoa mais indicada para fornecer tais informações é o gerente da sua conta corrente bancária. Caso possua relacionamento com mais de um banco, não se esqueça de fazer comparações, pois pode haver diferenças entre os mesmos tipos de fundos. Dentre tais diferenças, pode-se destacar a taxa de administração, que varia de um banco para outro.

Antes de decidir investir seus recursos em algum tipo de fundo, também é importante lembrar que os rendimentos obtidos recebem a tributação do Imposto de Renda (IR) e também podem receber a do Imposto sobre Operações Financeiras (IOF). A tributação de IR dos fundos segue, basicamente, o mesmo método de tributação dos CDBs, apresentando somente duas diferenças:

Nos fundos de investimento em que haja uma percentual da carteira de investimento superior a 67% em ações, a alíquota do IR será de 15% sobre a rentabilidade obtida e incidirá no momento em que o cotista efetuar um resgate. Já nos fundos de investimento em que a maioria da carteira seja composta por títulos de renda fixa as alíquotas são as mesmas dos CDBs (Tabela 7.1);

No último dia útil dos meses de maio e novembro, a Receita Federal cobra uma parcela do imposto de renda calculado sobre a rentabilidade obtida pelo cotista. Essa parcela é calculada a uma alíquota de 15% sobre a rentabilidade e é deduzida do saldo de cotas que o investidor possui (come cotas). A diferença de alíquota (se houver) será paga no momento em que o cotista solicitar o resgate.

Se a pessoa quiser, poderá resgatar o valor investido no fundo antes de completar 30 dias, de modo parcial ou total, recebendo um rendimento proporcional à quantidade de dias que o valor ficou investido. Porém, caso isso seja feito, haverá a cobrança de IOF sobre o rendimento (Tabela 7.2). Depois de 30 dias, o fundo fica isento do IOF.

TÍTULOS DE CAPITALIZAÇÃO

Títulos de capitalização são investimentos feitos por meio de depósitos únicos ou mensais e que oferecem ao investidor à possibilidade de poupar e ainda concorrer a prêmios. Ao fazer o título de capitalização, o investidor recebe uma cartela com algumas combinações de números predefinidos. As chances de ser sorteado são semelhantes às da loteria, pois, normalmente, os resultados da Loteria Federal são utilizados para a geração dos números a serem premiados.

Eles são administrados por sociedades de capitalização que pertencem, normalmente, a uma corporação do segmento financeiro (exemplo: Bradesco Capitalização). Com relação à rentabilidade, não são atrativos, pois oferecem rendimentos iguais ou até mesmo inferiores à poupança. No entanto, o que pode atrair as pessoas nessa modalidade de investimento é a possibilidade de serem contempladas nos sorteios oferecidos, geralmente com um prêmio de valor bem alto.

O título de capitalização possui, em média, carência de 12 meses. Durante esse período, não são indicados resgates, pois, caso sejam feitos, o investidor pagará uma multa, que poderá representar até 10% do valor investido. Os prazos de vigência dos títulos podem variar de 1 a 9 anos. A Superintendência Nacional de Seguros Privados (Susep) é a instituição responsável por fiscalizar e regular essas operações.

Ao analisar esse tipo de investimento, o indivíduo pode ficar com a seguinte dúvida: "Quando eu for resgatar o título, ao final do prazo de vigência, receberei, pelo menos, tudo o que foi pago?". Segundo a Susep, a resposta irá variar de título para título. Cada sociedade de capitalização define no seu título o percentual, em relação aos pagamentos realizados, que será restituído ao titular quando do resgate. Diante de tal constatação, fica claro que, caso queira optar por tal modalidade de investimento, a pessoa deverá pesquisar as características dos diversos tipos de títulos de capitalização existentes no mercado, pois elas variam muito de uma sociedade de capitalização para outra[10].

PREVIDÊNCIA PRIVADA

Conforme o *Capítulo 3*, quando a aposentadoria chegar, as despesas aumentarão. Basta lembrar que as pessoas que trabalham em empresas perderão o convênio médico e terão que fazer um plano particular. Para aquelas com idade mais avançada, tais planos são caríssimos. Também é importante lembrar que as despesas com remédios aumentarão e que a pessoa poderá ter filhos que ainda não se tornaram independentes, fazendo faculdade e financiando seus entretenimentos às suas custas, ou seja, filhos "paitrocinados".

Além do aumento das despesas, há o problema da redução da receita, pois o valor pago pelo INSS aos aposentados costuma ser inferior ao salário que a pessoa possuía antes de se aposentar. Em 2019, o valor máximo do benefício era de R$ 5.839,45. Portanto, fazer um plano de previdência privada é altamente recomendável se a pessoa recebe acima do teto da previdência oficial. Segundo Cherobim e Espejo (2010), não só nesses casos, pois, em geral, a previdência oficial paga menos do que se recebe quando se está trabalhando.

---

10. Caso queira conhecer algumas outras características dos títulos de capitalização, acesse o endereço: http://www.susep.gov.br/menu/informacoes-ao-publico/planos-e-produtos/capitalizacao

Esse tipo de plano é administrado por uma sociedade de previdência fechada ou aberta. Segundo Assaf Neto (2005), as sociedades de previdência fechada, mais conhecidas como fundos de pensão, são formadas geralmente dentro do ambiente das empresas, e seus planos de benefícios são custeados pelo empregador e funcionários. Por outro lado, as sociedades de previdência aberta podem atender a todas as pessoas que desejarem aderir a seus planos de benefícios. A Superintendência Nacional de Seguros Privados (Susep) é a instituição responsável por fiscalizar e regular essas operações.

> *As sociedades de previdência privada costumam oferecer diversos planos de benefícios aos participantes. O plano mais conhecido é a arrecadação de parcelas mensais por certo período de anos, prevendo, ao final, pagamentos de benefícios aos participantes. As parcelas mensais que devem ser pagas são calculadas com base na expectativa futura de renda desejada pelo participante e na idade definida para começar a receber os benefícios. Os benefícios podem ser contratados para serem pagos por toda a vida do participante (vitalício), por um período limitado de tempo ou de uma só vez. A preocupação básica de toda sociedade de previdência é a gestão de sua carteira de recursos, que deverá ser eficiente para cobrir o valor dos benefícios prometidos pelos planos de previdência.*
>
> ASSAF NETO, 2005.

Caso a pessoa esteja pensando em fazer um plano de previdência privada, deve estar consciente de duas taxas que deverá pagar à sociedade de previdência: carregamento e administração. Tais taxas podem variar de uma empresa para outra, portanto, antes de contratar um plano, é imprescindível que sejam feitas cotações.

- taxa de carregamento: visa cobrir as despesas que a sociedade de previdência terá na comercialização e prestação de serviços. Ela é cobrada sobre o valor de cada contribuição.

Caso a taxa seja de 3%, para cada R$ 100,00 aplicados, somente R$ 97,00 serão efetivamente destinados ao fundo de previdência, pois R$ 3,00 irão para o caixa da sociedade de previdência;

- taxa de administração: visa remunerar o trabalho de gestão dos recursos aplicados. É cobrada anualmente sobre o patrimônio acumulado do fundo. Caso a pessoa tenha R$ 10.000,00 acumulados, esse valor será reduzido a R$ 9.800,00 se a taxa for de 2%.

A grande vantagem de se fazer um plano de previdência privada é o benefício fiscal, pois os rendimentos obtidos pelo montante investido somente serão tributados no momento de seu saque. Como a previsão é que os saques somente serão feitos quando a pessoa se aposentar, 100% dos rendimentos obtidos, durante todo o período de contribuição, serão reaplicados mensalmente, ou seja, os valores brutos dos rendimentos serão sempre reinvestidos. Logicamente, no final, isso gerará um montante de rendimentos maior do que outros tipos de investimentos financeiros, como fundos e CDBs, cuja cobrança de Imposto de Renda é feita periodicamente.

Existem, basicamente, dois tipos de planos oferecidos pelas sociedades de previdência privada: o Plano Gerador de Benefício Livre (PGBL) e o Vida Gerador de Benefício Livre (VGBL). A principal distinção entre eles está na tributação.

No PGBL, segundo o site Terra, a pessoa pode deduzir o valor das contribuições da sua base de cálculo do Imposto de Renda, com limite de 12% da sua renda bruta anual. Assim, poderá reduzir o valor do imposto a pagar ou aumentar sua restituição de IR. Para exemplificar, suponha que um contribuinte tenha uma renda bruta anual de R$ 100 mil. Caso faça um PGBL de R$ 12 mil, poderá declarar ao Leão uma renda bruta anual de R$ 88 mil, pagando, consequentemente, menos IR. O IR sobre os R$ 12 mil restantes, aplicados em PGBL, só será pago no futuro, quando o dinheiro for resgatado.

Porém, o site Terra explica que esse benefício fiscal só é vantajoso para aqueles que fazem a declaração do Imposto de Renda pelo formulário completo e são tributados na fonte. Para quem faz declaração simplificada ou não é tributado na fonte, como os autônomos, o VGBL é melhor. Ele é indicado também para quem deseja diversificar seus investimentos ou para quem deseja aplicar mais de 12% de sua renda bruta em previdência.

Depois que a pessoa definiu o plano de previdência que melhor se adequa às suas necessidades, o último passo é definir o regime de tributação de Imposto de Renda que incidirá sobre os rendimentos que receberá. Existem dois regimes de tributação: regressivo e progressivo. Antes de optar, a pessoa deve conhecer as características de cada um deles[11].

> "É importante ressaltar que há diversas outras modalidades de investimento que podem ser feitas via Instituições Financeiras Bancárias, indicadas, normalmente, para investidores com um montante maior de recursos para investir e que pretendem diversificar sua carteira de investimentos, tais como: Letras de Câmbio (LCs), Certificados de Recebíveis Imobiliários (CRIs), Certificados de Recebíveis do Agronegócio (CRAs), Letras de Crédito Imobiliário (LCIs) e Letras de Crédito Agrícola (LCAs)"

---

11. Caso queira conhecer as características dos regimes de tributação regressivo e progressivo, acesse o endereço: http://www.infomoney.com.br/onde-investir/previdencia/noticia/3701284/qual-tipo-tributacao-escolher-para-meu-plano-previdencia-privada

Capítulo 8
INVESTIMENTOS VIA MERCADOS DE CAPITAIS

No capítulo anterior, foram apresentadas diversas considerações sobre alguns dos investimentos que podem ser feitos via instituições financeiras bancárias. Além de tais opções, é importante destacar alguns conceitos básicos sobre o principal investimento que pode ser feito via mercado de capitais, a aquisição de ações de empresas de capital aberto. Portanto, esse será o tema do último capítulo deste livro. Antes de conhecer o que é o mercado de capitais, é importante que conheça o conceito de mercado financeiro, pois tais conceitos estão relacionados.

Mercado financeiro é o ambiente em que se compra e vende dinheiro e também outros tipos de papéis que podem ser facilmente convertidos em dinheiro nesse mesmo mercado (exemplo de papel: as ações). Didaticamente, segundo Assaf Neto (2005), o mercado financeiro pode ser subdividido em quatro tipos de mercado: monetário, de crédito, cambial e de capitais. Na sequência, serão apresentadas definições simplificadas desses quatro mercados.

- mercado monetário: as instituições financeiras atuam como tomadoras, com o intuito de captar dinheiro das pessoas físicas ou jurídicas que estão com superávit de caixa, que nesse caso atuam como ofertadoras. Quando uma pessoa investe em um CDB está participando do mercado monetário como ofertadora e a instituição financeira como tomadora;

- mercado de crédito: as instituições financeiras atuam como ofertadoras, com o intuito de emprestar dinheiro às pessoas físicas ou jurídicas que estão com *deficit* de caixa, que nesse caso atuam como tomadoras. Quando uma pessoa faz um financiamento imobiliário, está participando do mercado de crédito como tomadora e a instituição financeira como ofertadora;

- mercado cambial: nesse mercado são negociadas moedas internacionais conversíveis em moeda nacional [Real (R$)]. Ele reúne todos os agentes econômicos que tenham motivos para comprar ou vender moeda estrangeira, como as empresas importadoras e exportadoras;

- mercado de capitais: nesse mercado são negociados papéis chamados de valores mobiliários (exemplos: debêntures, *commercial papers* e ações). Ele é regulamentado e controlado pela Comissão de Valores Mobiliários (CVM).

Além de as pessoas jurídicas conseguirem levantar recursos financeiros no mercado de crédito junto às instituições financeiras, por meio de empréstimos, também podem obter recursos de investidores via mercado de capitais, desde que sejam constituídas juridicamente como Sociedades Anônimas (S/A). Quando o investidor, que pode ser pessoa física ou jurídica, direciona seus recursos financeiros às Sociedades Anônimas que procuram o mercado de capitais, pode assumir dois tipos de papéis diferentes:

- sócio: quando compra uma ação emitida por uma Sociedade Anônima de capital aberto. Nesse caso, a S/A passa a ter uma dívida com o investidor, mas não há prazo de vencimento e nem incidência de juros, pois, na verdade, ele se tornou sócio da empresa, com direito a receber dividendos caso ela obtenha lucro;

- credor: quando compra um título de crédito (debênture ou *commercial paper*) emitido por uma Sociedade Anônima de capital aberto ou de capital fechado. Nesse caso, a S/A passa a ter uma dívida com o investidor, com prazo de vencimento e incidência de juros[12].

AÇÕES

O valor mobiliário mais conhecido é a ação, que pode ser definida como o título representativo da menor fração do capital social de uma empresa. Uma ação não tem prazo de resgate, sendo convertida em dinheiro a qualquer momento mediante negociação no mercado. Basicamente, existem dois tipos de ações:

- ordinárias (ON): conferem ao seu titular o direito de voto na assembleia de acionistas. Cada ação dá direito a um voto;

- preferenciais (PN): que oferecem preferência, em relação aos acionistas ordinários, no recebimento de dividendos ou no reembolso do capital em caso de liquidação da companhia.

Caso observe a parte de economia de um jornal, verá que as ações de uma empresa são sempre acompanhadas pelas siglas ON

---

12. Caso queira conhecer as características das debêntures e dos commercial papers, que também são opções de investimento, acesse o endereço: http://www.cursopreparatorio.digital/voce-conhece-as-principais-diferencas-entre-debentures-e-commercial-papers/

ou PN. Porém, também poderá observar que, além de tais siglas, existem algumas outras letras ou números, que identificam a classe da ação (Tabela 8.1). Segundo a legislação vigente, as ações podem ser emitidas em diferentes classes. As classes servem para discriminar alguma característica específica da ação. Isso significa que as ações PN ou ON de uma S/A podem possuir pequenas diferenças entre si. Para que se saiba quais são as diferenças entre as ações de uma mesma empresa, deve-se consultar seu estatuto social.

Tabela 8.1. Códigos e tipos de ações de algumas empresas brasileiras		
Ação		
Empresa	Código	Tipo
AMBEV	AMBV4	PN EDJ
BRADESCO	BBDC4	PN EJ N1
CPFL ENERGIA	CPFE3	ON NM
EMBRAER	EMBR3	ON NM
NATURA	NATU3	ON NM
PETROBRAS	PETR3	ON
PETROBRAS	PETR4	PN
USIMINAS	USIM3	ON N1
USIMINAS	USIM5	PNA N1
VALE	VALE3	ON N1
VALE	VALE5	PNA N1

Ao adquirir uma ação, o investidor pode auferir dois principais tipos de rendimentos: dividendos e valorização. Esses dois tipos de rendimentos, segundo Assaf Neto e Lima (2011), podem ser interpretados, respectivamente, pelos resultados distribuídos pela empresa emitente da ação e aqueles provenientes das variações de seus preços de mercado.

- Dividendos: são pagamentos em dinheiro aos titulares das ações, calculados com base nos lucros apurados pela empresa no exercício social. Não existe uma regra rígida quanto à periodicidade do pagamento dos dividendos, pois podem ser feitos mensalmente, trimestralmente, semestralmente, ou, ainda, anualmente. Portanto, é importante que o investidor consulte o estatuto social da empresa para se informar sobre a periodicidade do pagamento dos dividendos. A legislação societária atual estabelece que um mínimo de 25% do lucro líquido disponível seja distribuído a todos acionistas, de modo proporcional à participação de cada um;
- valorização: reflete a variação positiva ocorrida no preço de mercado da ação, sendo calculado pela diferença entre o valor de venda e o de compra. Vale ressaltar que esse tipo de rendimento só será efetivamente apurado caso o investidor realize seu lucro, ou seja, venda sua ação. Por outro lado, é importante ressaltar que poderá haver uma variação negativa no preço de mercado da ação, ou seja, o valor de venda será menor que o valor de compra. Nesse caso, se o investidor vender efetivamente a ação, pode-se dizer que obteve uma perda, ou seja, um prejuízo[13].

Quando uma pessoa se interessa em adquirir ações como modo de investimento, com certeza surgirá uma dúvida: "Devo optar por ações de qual empresa?" Antes de se tomar tal decisão, Assaf Neto e Lima (2011) lembram que todo investimento, inclusive em ações, deve ser avaliado a partir de três características básicas:

---
13. Caso queira entender melhor os motivos que geram o aumento ou a queda nos preços das ações, acesse o endereço: http://www.senhormercado.com.br/precos-das-acoes-sobem-descem/

- retorno: considera a remuneração esperada do investimento, a qual é geralmente expressa por meio de taxas percentuais, obtidas pela relação entre os ganhos auferidos e o capital investido;

- risco: relaciona-se à possibilidade de algum insucesso financeiro (inadimplência, falência etc.) da empresa emitente da ação ou pelo desempenho da conjuntura política-econômica e suas repercussões sobre o comportamento do mercado nacional e internacional;

- liquidez: está relacionada com a conversão da ação em dinheiro. Quanto mais rápida for a capacidade de uma ação converter-se em dinheiro, mais alta será sua liquidez.

Levando-se em conta essas três características, Assaf Neto e Lima (2011) classificam as ações em três grandes grupos: primeira, segunda e terceira linhas. Logicamente, caso a pessoa não tenha grande conhecimento em relação ao mercado de capitais, seria extremamente indicado que consultasse um especialista antes de optar pela ação de uma determinada empresa. Esse profissional é o corretor de valores (ver *Corretora de Valores*).

- ações de primeira linha: costumam aliar liquidez e rentabilidade com um comportamento mais estável em suas cotações de mercado. São conhecidas no jargão das bolsas como *blue chips*. Nesse grupo, são incluídas ações de empresas mais tradicionais, de excelente reputação e qualidade;

- ações de segunda linha: apresentam menor liquidez que as *blue chips* e representam empresas de médio e grande porte com bom desempenho. São entendidas como ações de boa qualidade;

- ações de terceira linha: são ações de mais baixa liquidez, geralmente, de empresas de pequeno e médio porte. Possuem, em geral, menor qualidade. Por outro lado, possuem um potencial de valorização maior.

CORRETORAS DE VALORES

Caso a pessoa decida investir em ações, apesar dos riscos inerentes a esse tipo de investimento, o primeiro passo será abrir uma conta em uma corretora de valores. Porém, é importante destacar que os investimentos em ações também podem ser feitos por meio dos diversos tipos de fundos de investimento que são oferecidos pelas instituições financeiras bancárias (*ver Capítulo 7*). Acredita-se que um fundo de investimento em ações seja o modo mais simples e prático de se investir em ações.

As corretoras de valores são empresas cuja principal atividade é intermediar a compra e a venda de valores mobiliários para seus clientes. A negociação é feita pelos funcionários das corretoras, chamados de corretores de valores. Além disso, as corretoras também oferecem outros tipos de serviços aos seus clientes, como plantão de dúvidas e fornecimento de indicadores e relatórios sobre as empresas que negociam suas ações na bolsa de valores.

Ao abrir uma conta em uma corretora de valores, Assaf Neto e Lima (2011) lembram que o investidor deverá preencher um cadastro prévio, o qual deverá informar uma conta corrente bancária, que será utilizada para os pagamentos e recebimentos provenientes da compra ou venda das ações. Vale ressaltar que a imensa maioria das corporações do segmento financeiro possui uma corretora de valores, portanto, a pessoa pode procurar diretamente o Banco com o qual se relaciona e solicitar ao gerente da sua conta corrente que o encaminhe a um corretor.

Toda vez que o investidor desejar comprar ou vender ações deverá entrar em contato com sua corretora de valores, que operacionalizará o negócio em seu nome junto à bolsa de valores. Caso ele queira ter mais agilidade nas negociações, poderá solicitar à sua corretora que instale em seu computador o sistema home broker. Desse modo, não precisará ligar para seu corretor toda vez que quiser fazer a compra ou venda de uma ação.

> *Home Broker* é um sistema que visa à negociação de ações *online*, por meio da Internet. Esse sistema permite que o investidor compre ou venda ações em tempo real, acessando o site de sua corretora. Assaf Neto e Lima (2011) comentam que é importante registrar que os clientes dos sistemas *home broker* têm responsabilidade sobre o desempenho de seus investimentos, portanto, devem avaliar com cautela os negócios que irão concretizar.

BOLSAS DE VALORES E ÍNDICES

Bolsas de valores são associações civis cujo principal objetivo é manter um local em condições adequadas para a realização de operações de compra e venda de valores mobiliários. Além disso, segundo Assaf Neto e Lima (2011), as bolsas visam:

- propiciar liquidez às negociações por meio de pregões diários;
- controlar, orientar e fiscalizar os negócios de compra e venda de valores mobiliários;
- preservar os valores éticos nas negociações realizadas em seu âmbito;
- divulgar de modo rápido e eficiente os resultados de todas as negociações realizadas.

No Brasil, por meio de um acordo firmado em agosto de 2000, todas as negociações de valores mobiliários foram integradas em uma só bolsa: a Bolsa de Valores de São Paulo (BOVESPA). Até agosto de 2007, a BOVESPA era uma Associação Civil sem fins lucrativos. A partir de tal data, tornou-se uma Sociedade Anônima.

Em maio de 2008, ocorreu a integração da Bovespa Holding S/A e da Bolsa de Mercadorias & Futuros – BM&F S/A, dando origem à BM&F BOVESPA – Bolsa de Valores, Mercadorias e Futuros. A nova companhia nasceu como a terceira maior bolsa do mundo e líder de mercado na América Latina, visando uma maior capacidade para desenvolver e lançar novos produtos e novos serviços, além de oferecer uma solução integrada de liquidação para uma base de investidores maior.

Em março de 2017, a partir da combinação de atividades da BM&FBOVESPA, bolsa de valores, mercadorias e futuros, com a Central de Custódia e Liquidação Financeira de Título (CETIP), empresa prestadora de serviços financeiros no mercado de balcão organizado, foi criada a B3. A B3 S.A. – Brasil, Bolsa, Balcão é uma das maiores empresas provedoras de infraestrutura para o mercado financeiro do mundo em valor de mercado, oferecendo serviços de negociação (bolsa), pós-negociação (*clearing*), registro de operações de balcão e de financiamento de veículos e imóveis.

O local onde são realizadas as transações de compra e venda de ações registradas em bolsas de valores é denominado pregão. Com o fim do pregão viva voz na BOVESPA, que ocorreu no dia 30 de setembro de 2005, todas as negociações passaram a ser feitas por meio de um pregão eletrônico, que, na verdade, é um sistema de computador. Esse sistema, conhecido como Mega Bolsa, integra todas as corretoras e a BOVESPA. Atualmente, todas as negociações de compra e venda de ações são efetivadas automaticamente pelo Mega Bolsa. O sistema casa o pedido de compra com o pedido de venda e fecha o negócio automaticamente.

Caso tenha oportunidade, vale a pena conhecer a sede da B3 S.A. – Brasil, Bolsa, Balcão, que fica situada na cidade de São Paulo. No local onde era realizado o pregão viva voz para venda de ações, foi construído o "Espaço Raymundo Magliano Filho", onde há atrações como o Cinema 3D e a Mesa de Operações. Além disso, são oferecidas visitas monitoradas gratuitas a todas as pessoas interessadas em conhecer o funcionamento da bolsa de valores, tanto na teoria quanto na prática.

> A primeira bolsa de valores da história surgiu em 1487, na cidade de Bugres, Bélgica. Acredita-se que a palavra "bolsa" derive de Van der Burse, nome do proprietário do local onde se reuniam os comerciantes da época para a realização de negócios. Além disso, na fachada do local, existia um brasão com um escudo e três bolsas, simbolizando os méritos de Van der Burse por sua atuação na área mercantil.

Normalmente, quando as pessoas assistem aos telejornais, ouvem a notícia de que a bolsa valorizou (subiu) ou desvalorizou (caiu). Essa informação é proveniente de um índice, que avalia se os valores das ações negociadas na bolsa, em média, tiveram um aumento ou uma redução em relação ao dia anterior.

Caso a bolsa tenha caído 2% em um determinado dia, não significa necessariamente que o investidor tenha perdido 2% em relação à ação que possui, pois o índice divulgado representa uma média de um determinado número de ações que foram negociadas. Atualmente, as variações de preços das ações negociadas na BOVESPA são avaliadas por diversos índices, porém, o mais tradicional e conhecido é o Ibovespa, calculado desde 1968. Dentre os outros índices, pode-se destacar o IbrX, o ISE e o IGC[14].

Para compor o Ibovespa, as ações devem representar mais de 80% do número de negócios e também do volume financeiro negociado na B3 S.A. – BRASIL, BOLSA, BALCÃO. Portanto, segundo Assaf Neto e Lima (2011), como as ações que fazem parte dessa carteira têm grande representatividade, pode-se dizer que o Ibovespa expressa o desempenho do mercado como um todo. Na Figura 8.1, pode-se observar a variação do Ibovespa pelo período de mais de duas décadas.

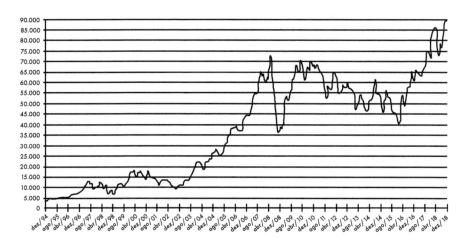

FIGURA 8.1. Evolução do Ibovespa em pontos de 1994 a 2018.
Adaptado de: http://www.bmfbovespa.com.br/pt_br/produtos/indices/indices-amplos/indice-ibovespa-ibovespa-estatisticas-historicas.htm

---

14. Caso queira entender melhor a metodologia de cálculo do Ibovespa, acesse o endereço: http://www.bmfbovespa.com.br/pt_br/produtos/indices/indices-amplos/indice-bovespa-ibovespa.htm

Caso queira saber quanto o Ibovespa variou em um determinado período de tempo, basta obter o número de pontos do índice nas duas datas. Pode-se afirmar que a variação do Ibovespa entre os dias 01/12/2006 e 03/12/2012 foi de 40,83%, pois os números de pontos do Ibovespa nesses dois dias, respectivamente, foram de 41.327 e 58.202. Para se fazer tal cálculo, primeiramente, deve-se descobrir a diferença de pontos entre as duas datas, que é de 16.875 (58.202 − 41.327). Posteriormente, deve-se descobrir quanto tal diferença representa, em percentual, da quantidade de pontos da primeira data. A variação é de 40,83% [(16.875 x 100) ÷ 41.327]. Tal cálculo deve ser elaborado por meio da famosa "regra de três".

DICAS PARA INVESTIR EM AÇÕES

Uma premissa importante, indicada por 100% dos especialistas, é "não colocar todos os ovos na mesma cesta", ou seja, mesmo que a pessoa decida adquirir ações, não deve investir todo seu dinheiro nisso. Parte dos recursos deve ser destinado a investimentos que não tenham risco. Por outro lado, é muito interessante tentar obter rentabilidades mais altas por meio do mercado de capitais.

Antes de decidir investir em ações, a pessoa deve ter consciência que poderá perder dinheiro, ou seja, poderá resgatar um valor inferior ao que aplicou. Logicamente, isso não ocorrerá caso decida investir em uma poupança. Portanto, antes de tomar tal decisão, é importante que busque mais informações sobre o funcionamento de tal mercado. Depois de avaliar todos os prós e contras, caso ela decida diversificar seus investimentos adquirindo ações, deve levar em conta algumas das dicas apresentadas por Assaf Neto e Lima (2011):

- cuidado com as euforias de mercado. Avalie atentamente a ação antes de tomar a decisão de comprar. Com a mesma velocidade que teve seus preços elevados, a ação pode desvalorizar-se;
- todo rendimento deve remunerar o risco assumido no investimento. Avalie sempre se suas possibilidades de ganhos são consistentes com o risco assumido;
- não se precipite diante de boatos, tanto de subida como de queda de preços. Procure sempre manter seu otimismo ou pessimismo sob controle, ou seja, seu equilíbrio emocional;
- não invista em ações utilizando, exclusivamente, sua intuição. As chances de ganhos costumam ser menores. Inclua sempre uma avaliação técnica em suas decisões financeiras e peça ajuda financeira a um especialista sempre que necessário;
- não baseie sua decisão de compra analisando somente indicadores financeiros (rentabilidade, liquidez, endividamento etc.), pois o bom desempenho de uma empresa no passado não garante, necessariamente, o mesmo resultado no futuro.

POSFÁCIO

Espero que tenha apreciado conhecer alguns conceitos relacionados ao tema orçamento familiar. Agora falta apenas colocá-los em prática. Dentre tais conceitos, gostaria de ressaltar aqueles que considero mais importantes:

- em cada fase da vida, possuímos características e necessidades diferentes, que vão se alterando à medida que vamos ficando mais velhos. Do ponto de vista financeiro, também há uma evolução, portanto, se quisermos que o dinheiro evolua junto, precisamos compreender nossas características financeiras ao longo da vida;

- para que o orçamento familiar melhore efetivamente a gestão das finanças pessoais, todos os princípios utilizados pelas empresas também devem ser levados em conta pelas pessoas físicas: envolvimento da alta administração, sistema de custeio bem definido, comunicação integral, expectativas realistas, destacar diferenças significativas e participação nos lucros;

- apesar de muitas pessoas encararem o orçamento como um modo de restrição e de reparação, ele poderá gerar diversos benefícios substanciais à saúde financeira pessoal, tais como: alinhar prioridades, construir novos hábitos, reduzir o estresse, criar superávit de recursos e revelar falhas;

- alguns desafios devem ser enfrentados para que o orçamento possa gerar benefícios efetivos para uma família: conseguir ter disciplina, acreditar que o tempo dispendido para elaborar o processo não será em vão e, caso necessário, mudar a relação com a família e amigos;

- é imprescindível que nos preparemos financeiramente para o momento da aposentadoria, ou seja, precisamos poupar no presente para garantir um futuro melhor. Para que tal objetivo possa ser concretizado, além de não gastarmos mais do que ganhamos, devemos reservar parte de nossa receita para investir. Não se pode afirmar que há um investimento melhor que outro, pois cada um deles possui características diferentes em relação à rentabilidade, risco e liquidez;

- como os investimentos somente serão possíveis se a família conseguir obter um superávit financeiro (receitas maiores que as despesas), torna-se necessário adotar estratégias visando aumentar as receitas e diminuir as despesas;

- na relação com os bancos, devemos ficar atentos às operações casadas, que são proibidas. Normalmente, isso ocorre quando estamos necessitando muito de um produto e o gerente aproveita para empurrar outro. A solução para esse problema é não nos tornarmos reféns de um banco devido a uma necessidade extrema. Na maioria das vezes, tal situação advém da necessidade de empréstimos que foi originada pela má gestão do orçamento familiar;

- uma característica do orçamento empresarial, que também deve ser levada em conta no orçamento familiar, é sua utilização como um instrumento de controle. Para que essa estratégia seja efetivamente colocada em prática, é imprescindível que a família elabore um relatório gerencial, ou seja, algum tipo de planilha onde possa observar se o que foi orçado efetivamente ocorreu;
- caso saibamos utilizar, do modo correto, as ferramentas de consumo oferecidas pelas instituições financeiras, podemos considerá-las ótimos meios para contornar *deficits* momentâneos nas finanças pessoais e também para adquirir bens que trazem mais conforto e segurança.

Apesar de todas as dificuldades que poderá enfrentar para colocar em prática os conceitos apresentados neste livro, acredito que o resultado compensará o esforço. Caso queira aprender mais sobre orçamento familiar, sugiro que faça o curso, de minha autoria, que está disponível no Mettáfora Curso Livres, por meio do link: <https://www.mettafora.com.br/cursos/orcamento-pessoal/>. Também é importante ressaltar que uma vida financeira organizada irá ajudar a conquistar um pouco de paz de espírito. Desejo a você muita dedicação e perseverança na busca desse objetivo.

BIBLIOGRAFIA

- ABOUT.COM. 11 Ways Budgeting Can Improve Your Life. Disponível em: <http://financialplan.about.com/od/budgetingyourmoney/a/11-Ways-Budgeting-Can-Improve-Your-Life.htm>. Acesso em 06 de junho de 2018.

- AFONSO, Celso. Orçamento Familiar. Disponível em: <http://www.macro4.com.br/noticias/43-orcamento-familiar>. Acesso em 21 de junho de 2018.

- ASSAF NETO, Alexandre. Finanças corporativas e valor. São Paulo: Atlas, 2003.

- ASSAF NETO, Alexandre. Mercado Financeiro. 6º ed. São Paulo: Atlas, 2005.

- ASSAF NETO Alexandre; LIMA, Fabiano Guasti. Investimento em ações: guia teórico e prático para investidores. 2º ed. São Paulo: Atlas, 2011.

- ASSOCIAÇÃO BRASILEIRA DE QUALIDADE DE VIDA - ABQV. Disponível em: <http://www.abqv.org.br/conexao.php?id=102>. Acesso em 10 de julho de 2018.

- BALLE, Louise. The Disadvantages of Having a Personal Budget. Disponível em: <http://www.ehow.com/list_7434806_disadvantages-having-personal-budget.html>. Acesso em 06 de julho de 2018.

- BANCO CENTRAL. Fundo Garantidor de Créditos (FGC). Disponível em: <https://www.bcb.gov.br/pre/bc_atende/port/fgc.asp>. Acesso em 30 de agosto de 2018.

- BRITO, Osias Santana de. Mercado Financeiro. São Paulo: Saraiva, 2005.

- CARNEIRO, Murilo; MATIAS, Alberto Borges. Orçamento Empresarial: teoria, prática e novas técnicas. São Paulo: Atlas, 2010.

- CARNEIRO, Murilo. Administração de Organizações: teoria e lições prática. São Paulo: Atlas, 2012.

- CARNEIRO, Murilo; PIMENTA JÚNIOR, Tabajara. Eficácia dos fundos de investimento em ações Ibovespa Ativo: uma pesquisa exploratória com bancos comerciais. Revista Montagem, nº 9. Ribeirão Preto: Centro Universitário Moura Lacerda, 2007.

- CHEROBIM, Ana Paula Mussi Szabo, ESPEJO, Márcia Maria dos Santos Bortolocci (Organizadoras). Finanças Pessoais. São Paulo: Atlas, 2010.

- CONSELHO FEDERAL DE ECONOMISTAS DOMÉSTICOS - CFED. Código de ética do economista doméstico. Disponível em: <http://www.cfed.com.br/cod_etica.htm>. Acesso em 04 de julho de 2018.

- CUNHA, Letícia Helena Fróes. Importância do orçamento familiar para a associação de moradores do parque residencial Santa Maria. Disponível em: <http://site.unifacef.com.br/wp-content/uploads/2012/07/PSBE-Uni-FACEF-2011-CUNHA-GILBERTO.pdf?9d7bd4>. Acesso em 11 de junho de 2018.

- EDUCAÇÃO FINANCEIRA. Várias Maneiras de Aumentar Seu Patrimônio. Disponível em: <http://www.educacaofinanceira.

- info/1548/varias-maneiras-de-aumentar-seu-patrimonio/>. Acesso em 18 de julho de 2018.

- FREZATTI, Fábio. Orçamento Empresarial: planejamento e controle gerencial. 4º ed. São Paulo: Atlas, 2007.

- GITMAN, Lawrence J. Princípios de administração financeira – essencial. 2º ed. Porto Alegre: Bookman, 2001.

- GUIA DO ESTUDANTE. Economia doméstica. Disponível em: <http://guiadoestudante.abril.com.br/profissoes/ciencias-humanas-sociais/economia-domestica-684906.shtml>. Acesso em 04 de julho de 2018.

- HOJI, Masakazu. Administração Financeira na Prática: guia para educação financeira corporativa e gestão financeira pessoal. São Paulo: Atlas, 2007.

- INFOMONEY. Dicas para lidar melhor com os bancos. Disponível em: <http://www.infomoney.com.br/minhas-financas/credito/noticia/2619643/veja-cinco-dicas-para-lidar-melhor-com-bancos>. Acesso em 10 de junho de 2018.

- INSTITUTO BRASILEIRO DE ESTUDO E DEFESA DAS RELAÇÕES DE CONSUMO (IBEDEC). Cartilha olho vivo consumidor. Disponível em: <http://www.ibedec.org.br/>. Acesso em 10 de julho de 2018.

- LUNKES, João Rogério. Manual de Orçamento. 2º ed. São Paulo: Atlas, 2009.

- MARKS, Will. Marketing de rede: o guia definitivo do MLM (Multi-level Marketing). São Paulo: Makron Books, 1995.

- MINISTÉRIO DO DESENVOLVIMENTO SOCIAL. Como funciona o Bolsa Família. Disponível em: <http://mds.gov.br/

assuntos/bolsa-familia/o-que-e/como-funciona/como-funciona>. Acesso em 18 de julho de 2018.

- OZ – ORGANIZE. Orçamento doméstico: dicas de economia. Disponível em: <http://www.organizesuavida.com.br/portal2010/materias/ver/224/orcamento-domestico-dicas-para-economizar>. Acesso em 19 de julho de 2018.

- PROCON. Orçamento Doméstico. Governo do Estado de São Paulo. Disponível em: <http://www.procon.sp.gov.br/pdf/ACS_orienta_orcamento_domestico.pdf>. Acesso em 10 de junho de 2018.

- SANT'ANNA, Mariana. Saiba como organizar seu orçamento familiar. Disponível em: <http://www.unimedguaratingueta.com.br/download/controladoria/Saiba%20como%20organizar%20seu%20or%E7amento%20familiar.pdf>. Acesso em 21 de junho de 2018.

- SANTANA, Andressa Martins. Planejamento estratégico pessoal e sua importância na atualidade. Disponível em: <http://andressapiresmartinssantana.blogspot.com.br/2012/03/planejamento-estrategico-pessoal-e-sua.html>. Acesso em 21 de julho de 2018.

- SANTOS, José Odálio dos. Análise de Crédito: empresas e pessoas físicas. 2º ed. São Paulo: Atlas, 2003.

- SANVICENTE, Antônio Zoratto; SANTOS, Celso da Costa. Orçamento na Administração de Empresas: planejamento e controle. 2º ed. São Paulo: Atlas, 1983.

- SEABRA, Alexandre Alves de. Escolaridade, salários e empregabilidade: implicações no mercado de empregos do Rio de Janeiro. Dissertação de Mestrado. Fundação Getúlio Vargas. Disponível em: <http://bibliotecadigital.fgv.br/dspace/bitstream/handle/10438/3832/Alexandre-Alves-de-Seabra.pdf?sequence=1>. Acesso em 10 de junho de 2018.

- SILVA, Celso. Cuidado com as pirâmides financeiras. Disponível em: <http://celsohl.com/2012/09/03/cuidado-com-as-piramides-financeiras/>. Acesso em 18 de junho de 2018.

- SILVA NETO, Lauro de Araújo. Guia de Investimentos. São Paulo: Atlas, 2003.

- SUPLICY, Eduardo Matarazzo. Renda de cidadania: a saída é pela porta. 7º ed. São Paulo: Cortez, 2013.

- TERRA. Previdência Privada. Disponível em: <http://invertia.terra.com.br/previdencia/interna/0,,OI194733-EI1806,00.html>. Acesso em 04 de julho de 2018.

- UNIVERSIDADE FEDERAL RURAL DE PERNAMBUCO - UFRP. Economia doméstica. Disponível em: <http://www.ufrpe.br/curso_ver.php?idConteudo=8>. Acesso em 24 de junho de 2018.

- VIEGAS, Alexandre da Silva; PINTO, José do Carmo; PENHA, Pedro Xavier da. Gestão de Orçamento Familiar. 2007. Disponível em: <http://www.unisinos.br/abcustos/_pdf/ABC-2007-03.pdf>. Acesso em 13 de julho de 2018.

- WELSCH, Glenn Albert. Orçamento Empresarial. 4º ed. São Paulo: Atlas, 1996.

Conheça os outros livros do autor:

- Educação Financeira para Universitários
- Gestão de Organizações: Teoria e Prática
- Orçamento Empresarial
- Planejamento Tributário para Pessoas Físicas

Acesse: http://editoradoseditores.com.br/loja-virtual

CONHEÇA OS SELOS EDITORIAIS DA  Editora dos editores

Conteúdo Original
Seleção de autores e conteúdos nacionais de excelência nas áreas científicas, técnicas e profissionais.

Conteúdo Internacional
Tradução de livros de editoras estrangeiras renomadas, cujos títulos são indicados pelas principais instituições de ensino do mundo.

Sou Editor
Projetos especiais em que o autor é o investidor de seu projeto editorial. A definição do percentual de investimento é definida após a análise dos originais de seus livros, podendo ser parcial ou integral.